U0037530

大旗出版
BANNER PUBLISHING

大旗出版
BANNER PUBLISHING

這才是晚清

帝國崩潰的十六個細節

目錄

序言：

十年前，我從大學歷史系畢業的時候，從來沒有想到自己會成為一名歷史作家；三年前，我研究生畢業的時候，也同樣沒有想到會從事這個職業。不過，在這樣一個網路時代，生活的改變總是很快的，從 2007 年底到現在，我在不到兩年的時間裏已經出版了《晚清帝國回憶錄》、《女人當國》等五部歷史作品，並走上了職業寫作的道路。

在很長一段時期內，歷史學一直被兩種流派所壟斷，一種是廟堂史學（歷史教科書、公共輿論中不可挑戰的歷史觀等），一種是學報史學（歷史學界的學術圈子等）。2006 年前後，隨著閻崇年、易中天、紀連海、王立群等專家學者陸續登陸央視《百家講壇》並一炮打響後，國內掀起了一股「通俗說史、全民讀史」的熱潮。令人欣慰的是，歷史學在走過了漫長的冬季後，終於再次成為萬眾矚目的焦點，這的確是件可喜可賀的好事。

與此同時，以網路社群、論壇和博客為傳播媒介的網路歷史寫作熱潮也悄然興起。以十年砍柴、當年明月、赫連勃

勃大王、曹三公子等知名歷史寫手為代表。這些作者首先將自己的作品在網路上推出，在獲得了極高的網路點擊率後出版並成功進入當年暢銷書的行列。他們的作品，在圖書市場上甚至獲得了一般作家難以企及的成功。在這些寫手的成功啟示下，更多的網路歷史寫手也加入到這個行列並掀起了一股「草根說史」的熱潮，目前每年都有很多作品獲得出版並得到市場的認可。

2008 年，應重慶出版社的邀請，筆者擔任了《草根說史》叢書的主編，並由此接觸到很多非常優秀的歷史寫手，在很大程度上，他們甚至可以稱為民間的歷史研究者。應該說，歷史研究和寫作並不是歷史研究者的專利，從史學發展的歷史來看，非專業的歷史寫手們經過自己的鑽研，同樣可以寫出扎實而有新意的歷史佳作。對於一個網路化、多元化的時代來說，這是一個值得鼓勵的好現象。

不過，民間的歷史寫作如果要可持續發展，寫手們還須克服急功近利、輕薄膚淺和盲目炒作，在廟堂史學和學報史學之外尋找第三種史學文化的存在。網路歷史寫作的新浪潮，是草根、普及、民眾歷史寫作與專家、正統、學術研究撰述的接合和呼應。在這樣一個日新月異的網路新時代，誰

佔領了網路，誰就將獲得更大的影響力。那麼，草根的歷史寫手或者說民間的研究者，這些業餘者教派，是否能夠改寫中國傳統的歷史書寫，他們中間會不會湧現《三國演義》、《萬曆十五年》這樣的優秀作品呢？我們拭目以待。

金滿樓

一、庚子賠款：
一筆難以算清的心酸賬

在《辛丑合約》談判中，賠款的多少和如何賠償的問題，是當時最實實在在、也是矛盾最尖銳、鬥爭最激烈的一個問題。

清末留美學生和清廷駐紐約領事館官員合影。官員們還留著長辮，學生們卻已經是新的髮型。

列強當時主要分為兩派：一派是以俄國和德國為首，他們都企圖從中國身上榨取盡可能多的賠款；另一派則是英國和美國，他們擔心過高的賠款會損害中國的市場購買力，從而損害到他們的在華貿易和其他經濟利益，因此主張從中國

的實際承受能力情況出發，將賠款限制在一定的範圍之內，避免「殺雞取卵」的錯誤。

1901 年 3 月 22 日，英、德、法、日四國公使組成一個「賠款委員會」，以負責調查中國償付賠款的財源問題。隨後，該委員會邀請了一批在華的「中國通」來提供諮詢，其中包括海關總稅務司赫德、滙豐銀行經理熙禮爾、華俄道勝銀行經理璞科第等人。在這些人中，海關總稅務司赫德提交的意見書最為詳盡，後來《辛丑合約》中關於賠款問題的規定，基本上是來自於赫德的意見。

此時的赫德，已經擔任中國海關總稅務司一職近半個世紀，他對清朝財政的瞭解，使得他成為了當時中外交涉中所不可或缺的重要角色。在使館被包圍期間，當外國媒介都以為他葬身北京的時候，赫德一直很安全地呆在英國使館裏並默默思考戰後的問題解決。作為「瓜分中國」政策的反對者，赫德在使館解圍後呼籲列強儘快結束戰爭；而作為老派的「中國通」，赫德提出「加於中國的和議條件，都應當是切實可行而又公平合理」的主張，幾乎為後來的和議定了調。

在接受「賠款委員會」的邀請後，赫德乘機拿出他精心

策劃的賠款方案，其中主張賠款分年攤付，以海關、鹽釐、常關作抵，關稅提高到切實值百抽五等等，這些意見都在後來被採納。赫德的「賠款分年攤付」方案，是在對清朝進出年項進行核算的基礎上做出的，實際上是把戰爭賠款轉化為長期債務。另外，賠款以關稅作擔保，這樣既加強了赫德在中外各方中的地位，又維繫了中國海關的外籍稅務司制度。對於列強來說，赫德的方案能夠使自己穩妥的獲得巨額賠款，當然也樂於接受；而在清廷看來，赫德的方案既杜絕了國際共管中國財政的危險，又避免了中國被瓜分的危局，因此對赫德這個「自己人」也是感激不盡。

至於賠款的數額，列強在爭論不休的情況下，採用了一個未經核算卻又意味深長的數字——四億五千萬兩白銀。這個空前的巨額勒索，是以按中國當時人口四億五千萬平攤，每人一兩，共計四億五千萬兩，分三十九年還清（1902—1940）。這筆鉅款連本帶息，總數近白銀十億兩，這幾乎相當於清廷當時年財政收入的十二倍（據估算，賠款數額為列強在華損失的十倍到二十倍）。

庚子賠款可謂是對國人的有意侮辱，老太后的一時糊塗，但列強的板子卻實實在在地打在大清每個子民的屁股

上。對當時的中國人而言，庚子賠款的實際意義在於每人罰款白銀一兩，列強也確實有意讓每一個中國人感受到賠款的存在，同時也讓這個國家的國民蒙羞受辱——而列強們卻將之視為中國走向文明的代價。

由於各種原因，中國並沒有完全承擔全部的賠款責任，實際支付的賠款數額共約五億七千六百萬兩，約占總數的58%。中國少付的原因，最主要的是世界局勢的變化和各國的退賠。而在這一賠一退之間，國際交涉紛紜複雜，道義、良知、強權、均勢，各種力量、作用和影響，在近代國際社會這個大舞臺上，委實一言難盡，心酸自知。

最早和美國政府交涉退款的是駐美公使梁誠。梁誠是廣東番禺人，自幼受到良好的家教，1875年隨清廷所派第四批留美幼童生赴美留學，時年僅十二歲。1878年，梁誠進入麻省安度華學校及安姆赫斯學院就學，後因中美「交惡」而提前回國。回國後一直在清廷外務系統裏任職。庚子事變後，醇親王載灃依照《辛丑合約》赴德「謝罪」，幸好有梁誠交涉得當，才免去德人要求載灃向德皇下跪的有意侮辱。

1907年，梁誠向美國當局提出核減賠款的提議，當時也得到美國國務卿海約翰的同情。但不巧的是，海約翰隨後突

然去世，退款一事曾一度偃息。不過，在梁誠的努力下，後來他又爭取到總統希歐多爾・羅斯福（就是那個以「大棒加胡蘿蔔政策」而聞名的老羅斯福總統）的支持，事情又有了轉機。

1907 年底，老羅斯福總統向國會提交議案，要求授權退還中國已多賠的庚子賠款，這項提案在國會順利通過後於次年生效，首次退賠達一千多萬美元，主要是用於留美學生及興辦清華學堂之用，第二次退款則作為發展教育文化之用。除此之外，美國人還在中國興建了十二所教會大學，包括後來赫赫有名的燕京大學。

說句公道話，當時美國在對華態度上，與其他侵略國的確有明顯不同。從某種意義上來說，美國所持的這種「與眾不同」的立場，與其「平等、公正」的建國理念及「民主、和平」的理想主義式外交理念是相一致的。也許美國另有自己的想法和目的，但客觀上來說，對中國的長遠發展還是有益的。

1909 年，北京設立了遊美學務處（清華大學的雛形），地址就設在皇家園林之清華園，並開始考選留學生赴美學習。1911 年初，在遊美學務處的基礎上，利用庚款而專門為

培養赴美留學生的清華學校正式成立，在此後十多年間，由此派出的留美學生達一千多人。1928 年，清華學校改名為清華大學，由羅家倫出任校長。清華從創建伊始，其年度預算都是由美國的庚子退款作保障的。

當年清華學校畢業走出去的留學生，如竺可楨、侯德榜、金岳霖、茅以升、葉企蓀、梁思成、王力等，在學成後的幾十年間，都成為了中國學術界的大師和泰斗級人物，這也算是機緣巧合，歪打正著吧！

1914 年一戰爆發，中國於 1917 年 8 月參加協約國集團，對德、奧為首的同盟國集團宣戰，於是在當年即停付德國之賠款。1919 年德國與奧匈帝國戰敗，《凡爾賽和約》第一百二十八款規定德國放棄 1917 年 3 月 14 日以後的賠款，德國賠款即告終止。奧匈帝國一戰後瓦解，奧地利和匈牙利也分別於 1919 年和 1920 年放棄所擁有的奧匈帝國賠款。

1917 年，俄國發生革命，蘇俄政府宣佈放棄帝俄在中國的一切特權，其中包括了庚子賠款中尚未付給的部分。

1921 年，美國帶頭把尚未償付的庚子欠款全部退還。美國的退款對各國均發生示範作用，各國競相效仿。1924 年，法國退還庚款；1925 年，比利時訂立中比協定，退還庚款；

1926 年，英國國會通過退還中國庚子賠款議案，退款用於向英國選派留學生等教育項目；同年，荷蘭將庚款全部還給中國，其中指定用途：65% 的退款用於水利事業，35% 的退款用於文化事業；1933 年，義大利退還庚款。

在列強當中，唯有日本的退款波折很大，爭執頗多。庚子事變中，日本獲益多多，對賠款的退還卻不積極、不配合，於情於理，都很難說得過去。事實上，在庚子年中，日本所受的影響很小，因為中國和日本同文同種，當時的義和拳並沒有把日本人當作金髮碧眼的洋人看待，但日本在事變中卻出兵積極，其目的是為了在列強面前顯示自己的國力，並進一步增強對中國的影響，其野心昭然若揭。

日本軍隊攻佔天津後，搶銀二十三萬餘兩，在通州又搶銀十二萬餘兩。攻佔北京後，日軍搶在各國之前，先從戶部銀庫搶走近三百萬兩銀子送到日本使館，繼則從戶部的緞匹庫和顏料庫搶走大量的綾羅錦緞，並洗劫了內務府倉庫，搶走所有的倉米和銀兩。據統計，日本搶劫的物品價值共計三百六十七萬餘兩。

日本的搶劫，都是有組織的軍隊行為，其搶劫的對象都是清政府的官衙，所搶劫的銀兩、武器、糧食大部分歸於

國家，其中交給日本中央金庫一百九十三萬兩，占總額的
66%，其餘的則歸陸軍省支配。也許正因為如此，日軍才較
少去騷擾民間，而俄、德、英等國士兵則多從民間搶劫。

不僅如此，日本在庚子賠款總額中，所得賠款本額占中
國庚子賠款總數的 7.7%。後在各國紛紛退賠庚子賠款時，
日本態度消極，始終堅持以庚子退款的手段，在華搞所謂的
「文化事業」。1923 至 1936 年間，其部分事業略具親善旨意，
但此時中日關係已經相當緊張，中國無一團體申請日本的退
款補助。1936 年以後，庚子賠款則全部用於侵華戰爭。

二、另闢蹊徑：
從落第秀才到朝鮮監國

北洋軍正在操練。朝鮮的經歷，是袁世凱政治生涯中重要的起步階段。

袁世凱（1859—1916），字慰庭，號容庵，出生於河南項城。古代常以籍貫代替人名，因此袁世凱也常被人稱為「項城」。在數百年間，老袁家原本也是默默無聞，不過家道還算殷實，在免於飢饉之憂的同時尚有餘力，數代人都是以耕讀傳家。後來也不知是他家祖墳的篙子翹了，還是文曲星偶然路過他家，這袁家突然間便呼喇喇地發了——父子進士，弟

兄舉人，一門兩代四貴人——乖乖，了不得啊，於是項城袁家也就成了當地望族。

父子進士，弟兄舉人，這和袁世凱都沒有直接關係。所謂的「父子進士」，指的是袁世凱的叔祖父袁甲三和堂叔袁保恒（袁甲三的長子）這對父子分別於道光十五年（1835年，比曾國藩早一屆）和道光三十年（1850年，比李鴻章晚一屆）中了進士；所謂的「弟兄舉人」，指的是袁甲三的次子袁保齡和袁世凱的叔叔袁保慶（袁樹三的次子，袁甲三的侄子）分別中了舉人。

古代人常說，科舉乃是「一命二運三風水，四積陰功五讀書」。也就是說，要想科舉得中，一要靠命，二要靠運，三要靠祖墳的風水，四要靠先輩積得陰功，這第五才輪到讀書。您要是不信，看看那些考到白了少年頭的老童生便知。

大家想，當年這科舉考試是何等的難考，這舉人和進士哪個不是過十五關斬十六將，千里挑一甚至萬里挑一的超級高手（要不怎麼說范進在中舉後會激動得發瘋呢）？那時參加科考的讀書人多如繁星，考不中是正常，考中了那才叫稀罕。你想袁家不過區區兩代人，一下子就出了兩個進士、兩個舉人，真真是了不得，不得了啊。

不過，老天爺又是公平的，這袁家雖然顯赫，但家裏做官的卻大都命不長。比如袁世凱的叔祖父袁甲三，當年也和曾國藩一樣文官將兵，並在疆場上與太平軍、捻軍以命相搏，幹的是刀口上舐血的營生，最終靠著無數顆人頭才染紅了頭上的頂子——大概殺氣太重，袁甲三只活了五十七歲便見了閻王。袁甲三的兩個兒子，袁保恒和袁保齡，這兩位的壽命更淺，分別在五十二歲和四十八歲便告離世。

　　袁世凱的祖父袁樹三是袁甲三的長兄，他老人家和弟弟袁甲三相比，文才差得太遠，不過混了個秀才（而且還是捐的）。好在袁樹三的兒子袁保慶還算爭氣，不管怎麼說中了個舉人，算是給袁樹三掙回了點面子。不過，袁保慶有一遺憾，那就是他年近四十卻依舊膝下無子，於是便在與父親商議後，從兄長袁保中那裏過繼了一個兒子。袁甲三的大兒子袁保中也是個秀才，他在功名上雖然不如弟弟袁保慶，但他比弟弟會生孩子，而且一口氣就生了六個兒子，這過繼給袁保慶的就是其中的老四。

　　這老四是誰呢，不說大家也猜到了，這就是鼎鼎大名的袁世凱啊。

　　袁老四的運氣著實不賴，他七歲的時候便離開老家跟著

嗣父袁保慶在外地的大城市生活，見過不少世面。袁保慶雖然只是個舉人，但在家族的蔭護下官運亨通，他曾經在濟南和南京等地為官，還當過鹽法道這樣的肥差。可惜的是，袁家的魔咒對這個舉人大老爺更加殘酷，袁保慶比叔叔袁甲三和兩位堂兄弟更要短命，他活到四十四歲便拋妻棄子，離開了人世。無奈之下，袁保慶的遺孀牛氏只好帶著十四歲的嗣子袁世凱回到項城老家，但就在第二年，袁世凱的生父袁保中也因病去世，他離六十歲那道門檻還差得遠了。

袁家當時乃官宦之家，吃穿固然不愁，但此時的袁世凱母子畢竟是孤兒寡母，也頗為可憐。這時，袁世凱的運氣又來了，他的堂叔袁保恒，這位在翰林院做編修的進士大老爺，在回鄉省親的時候看他們母子可憐，又見袁世凱年紀雖小，但看上去天資聰穎，似乎人才可造，於是便將這個侄子接到北京，打算讓袁世凱跟隨他讀書，日後走科舉之道。於是，十五歲的袁世凱便跟著堂叔袁保恒去了北京。

可惜的是，雖然袁保恒自己是個飽學的翰林，但袁世凱在其嚴格教導之下仍在鄉試的時候兩試不中，就連當時另一位在京為官的堂叔袁保齡也說袁世凱在學問上天分不高、前途不大。據說，袁世凱在羞憤之下將以前所作的詩文全部付

之一炬，說：「大丈夫當效命疆場，安內攘外，豈能齷齪久困筆硯間自娛光陰耶？」

袁世凱的話頗有意思，當年洪秀全因考不上秀才而撕了聖賢書大罵：「再也不考清朝試，再也不穿清朝服，老子以後要自己開科取士！」──於是洪天王就另立門戶，造反了。不過話說回來，那時考不中舉人真是太正常了，比袁世凱年長一歲的康有為算是有才華吧，可他老人家考秀才考了三次，考舉人可是在十六年中考了七次，足足虛擲十六年的光陰哪！如此看來，科舉順利者如曾國藩、李鴻章多為守成之臣，而科舉之路坎坷者如康有為、袁世凱則多有叛逆之心，或者說更有改革的需求和願望，這也是在情理之中的事情。

袁世凱出身官宦世家，自然還沒想到要去造反那一步。但也許是定數，袁家的那個魔咒隨後找上門來，袁保恒於1878年因感染時疫而病逝於開封任上，袁世凱只好再次返回了項城老家，當時他剛滿二十歲。所幸的是，四世同堂的袁家正好在這一年分家，袁世凱以袁保慶唯一的嗣子身份分得了一份豐厚的家產。

由於袁世凱過慣了大都市的生活，因此他在老家呆的時間並不長。在分家之後，他很快便搬到陳州居住。由於家中

的長輩大都離世，年輕的袁世凱無人看管，他當時最愛好的活動便是飲酒交友，常常是一醉方休，或者郊原馳馬狂奔，行為放蕩不羈。陳州府的太守吳重憙是袁家的世交，見袁世凱不肯讀書應試，也常常加以勸戒，但袁世凱並不醒悟。

袁世凱不喜歡讀書是有原因的，他學習科舉制藝但又不守繩墨，不願受此束縛。譬如他喜讀周犢山的文章，但僅限於摘取文中豪邁不羈的語句而從來不肯卒讀，也不求甚解。有一次，袁世凱的老師王雁臣以「普天之下，莫非王土；率土之濱，莫非王臣」為題，命他撰寫一篇八股文。

袁世凱交卷後，王雁臣發現其所作之文有模仿周文皮毛之痕跡，但文章卻邏輯蠻橫無理，野性難馴，而且前後多不通順。其中有一段最為可笑，曰：「東西兩洋，歐亞兩洲，只手擎之不為重。吾將舉天下之土，席捲囊括於座下，而不毛者，猶將深入。堯舜假仁，湯武假義，此心薄之而不為；吾將強天下之人，拜手稽首于闕下，有不從者，殺之無赦！」王老師看完這篇文章，立刻昏了過去。

袁世凱曾有一個老師名叫曲沼，此人頗擅武藝，曾教袁世凱練過拳術，後來袁世凱喜歡馳馬試劍，估計與此有關。年輕時的袁世凱喜歡騎馬，而且善騎悍馬，他在歸里守制時

最愛讀兵書，雖不能通曉其中的含意，卻喜歡在客人面前侃侃而談，大加賣弄。當時在他的書房中，曾擺滿了六韜三略一類兵書，各種版本都有，當時人送綽號「袁書呆」。對於這個綽號，袁世凱很不以為然，他曾經對人說：「過去我好奮匹夫之勇，現在學了敵萬人之書，才知道好勇鬥狠其實沒有什麼用處。三軍不可奪帥，要是我手上有十萬精兵，便可橫行天下。」

據傳，陳州府城隍廟前有一位很出名的相命先生名叫「瞿然驚神算」，有一次袁世凱請他看相，這位瞿然先生在對袁端詳很久之後，以極其嚴肅的口吻說：「公子天庭廣闊，來自富貴之家，少年英發，出人頭地，中年位躋公卿，五十微有挫折，但正是以退為進，禍為福倚，此後有七年大運，貴不可言。」

袁世凱走後，瞿然先生望著他的背影，又補了一句：「此子不同凡人，如宿命論定，必為亂世之梟雄。」當時陳州還有一位名叫段晴川的翰林學士號稱知人論世，頗有獨見之明，凡經他品題過的人，無不名聲噪起。袁世凱也曾慕名前往謁見，段翰林也認為袁世凱將來的功業極可能凌駕於其叔祖袁甲三之上，但才氣有餘而制藝不足。

分家後的袁世凱儘管已經自立門戶，但家裏人仍舊希望他走父輩的科舉之路，不過袁世凱倒還頭腦清醒，知道自己不是科舉這塊料，於是他在考慮再三後決定放棄功名，另尋出路。1881 年 5 月，袁世凱前往山東登州投奔嗣父袁保慶的拜把兄弟吳長慶。

吳長慶和袁保慶是生死之交，當年袁保慶突然病逝的時候，便是吳長慶親自料理的喪事。當時的吳長慶是淮系的重要成員，統率慶軍六營駐防登州，督辦山東防務，深受李鴻章的信任和重用。袁世凱作為袁保慶唯一的嗣子，吳長慶自然是格外關照，袁世凱去後便在慶軍營務處任會辦一差。

在軍營的日子裏，袁世凱受吳長慶之命拜在他的幕府、後來的狀元郎張謇門下學習，但袁世凱的文章「文字蕪穢，不能成篇」，讓張謇無從刪改，深以為苦。不過，袁世凱雖然文章寫得糟糕，但處理起軍務來卻如魚得水，井井有條，似乎天生就是幹實事的料。

歷史證明，亂世人才多以軍功起家，當年的曾國藩、左宗棠、李鴻章等，袁世凱的祖父輩袁甲三、袁保恒、袁保齡、袁保慶乃至吳長慶等，都是如此。在局勢變幻不定的 19 末 20 世紀初，袁世凱投筆從戎，倒也不失為一個明智的

選擇。

　1882 年 8 月，朝鮮突發「壬午兵變」，在朝鮮國王的請求下，清廷派慶軍入朝彈壓，袁世凱也隨同進入朝鮮。在朝鮮期間，袁世凱嶄露頭角，他在幫辦軍務的時候以整頓軍紀和鎮壓兵變有功，為朝鮮國王所器重，並獲得清政府獎勵五品同知銜。據《容庵弟子記》中記載，在到達朝鮮後，袁世凱在隨同北洋水師統領丁汝昌下船探查士兵登陸處，中途因潮退而舟陷於灘，丁汝昌與袁世凱只好赤足而行，在沙石灘上走了數里遠。等到登岸時，袁世凱的兩足都已破裂，丁汝昌當時半是取笑半是誇讚地對小袁說：「紈絝少年亦能若是耶？」

　清軍進入朝鮮後軍紀散漫，常有擾民之事發生，吳長慶便將整頓軍紀的事情交給袁世凱。袁世凱在得到吳長慶的全權後，一有犯令者便立刻痛下殺手，樹立自己的威信。有一次當地縉紳控訴清軍士兵奸戕韓婦，袁世凱得報後立刻徒步往查，並帶兵搜捕一晝夜而未進一餐，最終抓獲元兇並親手刃之。對於清兵吸食鴉片的，袁世凱最為痛恨，抓到必殺無赦，就連跟隨吳長慶多年的武弁，也有被袁世凱所殺的。

　不僅如此，袁世凱還幫朝鮮國王訓練了一支五千人的德

式新軍，令朝鮮上下大為懾服，也充分展示了袁世凱的軍事才能。後來，這支新軍在朝鮮「開化黨人」政變時發揮了重要作用，袁世凱協助國王控制局勢並鎮壓了親日的「開化黨人」，日本在朝鮮的勢力也因此大為受挫。

袁世凱在這些事件中的出色表現，給李鴻章等朝廷大員留下了深刻的印象。機緣巧合的是，當時袁世凱的堂叔袁保齡正在李鴻章的幕中且為之倚重，這對袁世凱的幫助很大。但凡國內有點風吹草動，袁保齡都會提前告知袁世凱並為侄子出謀劃策；而在李鴻章的面前，袁保齡自然也少不了為袁世凱敲敲邊鼓，並在適當的機會為之美言幾句。在吳長慶去世後不久，袁世凱便在李鴻章的保薦下，被清廷任命為「駐紮朝鮮總理交涉通商事宜」的全權代表，一舉成為清廷在朝鮮的「監國」大員，此時的袁世凱不過二十六歲。

由布衣一躍為朝廷的三品大員，這離袁世凱投軍不過區區四年時間，這在當時的官場可謂為奇跡，也是袁世凱的老友、在科舉上一帆風順的徐世昌所望塵莫及的。在康有為還在為考舉人而苦苦掙扎時，袁世凱早已是輕舟已過萬重山，誰說成功的道路只有科舉這個獨木橋呢？看來，選對了路，跟對了人，對一個人的發展實在太重要了，而袁家上一代的

三個人（袁保慶、袁保恒、袁保齡）對袁世凱成長道路上的幫助也是不可或缺的。

不過，袁世凱這個位子也不好坐，當時的朝鮮內外交困，內有親中、親日各派勢力矛盾重重，外有俄日英美各方列強的不斷窺滲。在如此複雜的國際形勢下，袁世凱在朝鮮洋務軍事一把抓，倒也從容應對，遊刃有餘，比一般的舉人進士要強得多了。正因為袁世凱的優異表現，朝鮮國王還特賜了他四個朝鮮美女，其中一個還是貴族女子。

在 19 世紀的最後十年中，東北亞的局勢風雲變幻，袁世凱能力雖強，但帝國主義的力量更大，特別是蓄意擴張的日本更是對朝鮮勢在必得。在甲午戰爭爆發的前一年，袁世凱被升為浙江溫處道（掛名官銜），但仍留在朝鮮。第二年，朝鮮東學黨起事，日軍在清軍應邀進入朝鮮後也大舉進入，由於清廷在朝鮮問題上決策屢屢失誤，局勢終於不可挽回。

袁世凱還算是個聰明人，在中日甲午戰爭爆發的前夕，他見勢不妙，最終想方設法找了個「治病」的藉口落荒而逃，回到天津，這才避免了在朝鮮受辱。

事後，很多士大夫都認為是袁世凱在朝鮮引發了中日衝突，其實這種說法未免言之不公。平心靜氣地說，袁世凱

在朝鮮的表現還算可圈可點，基本維護了清廷的利益，但在日本的強壓之下，袁世凱也是回天無力。不過，這次挫折並沒有妨礙袁世凱的仕途，因為清廷在甲午戰敗後決定編練新軍，這對袁世凱來說可是千載難逢的好機會，由此也成為北洋軍政集團的發軔之始了。

三、財政問題：
清末新政是本難念的經

1905 年戶部造幣總廠官員合影。不管是清末新政還是其他新政，沒有錢是萬萬不行。

　　1901 年 1 月 29 日，因八國聯軍侵佔北京而逃難到西安的慈禧太后突然發佈諭旨，宣佈推行新政。在諭旨中，慈禧太后大談變法經，什麼「世有萬古不易之常經，無一成不變

之治法。窮變通久，見於大易。損益可知，著於論語」；又是「不易者三綱五常，昭然如日星之照世；可變者令甲令乙，不妨如琴瑟之改弦」，總而言之，言而總之，「法令不更，錮習不破；欲求振作，當議更張」。隨後，諭旨又批評了洋務運動，「近之學西法者，語言文字，製造器械而已，此西藝之皮毛，而非西政之本源」，「舍本源而不學，學其皮毛又不精，天下安得富強耶」？諭旨中明確表態，說要「取外國之長乃可補中國之短，懲前事之失，乃可作後事之師」。

最後，朝廷下發任務，「著軍機大臣、大學士、六部、九卿、出使各國大臣、各省督撫，各就現在情形。參酌中西要政，舉凡朝章國政，吏治民生，學校科舉，軍政財政，當因當革，當省當並，或取諸人，或求諸己，如何而國勢始興，如何而人才始出，如何而度支始裕，如何而武備始修，各舉所知，各舉所見」，並要求以兩個月為期限，「詳悉條議以聞」。

眾所周知的是，慈禧在三年前還親手扼殺了光緒皇帝和康有為等人發起的維新變法，這時為何來了個三百六十度的大轉彎，變得如此開通了呢？在諭旨中，慈禧太后借光緒皇帝之口與康梁等人撇開關係：「康逆（有為）之談新法，乃亂

034

法也，非變法也。……皇太后何嘗不想更新，朕何嘗概行除舊？……今者恭承慈命，一意振興，嚴禁新舊之名，渾融中外之跡。」如此一來，慈禧太后便將她在戊戌年的所作所為推了個一乾二淨，還倒打維新派一耙，「變法自變法，康有為謀逆自謀逆」，這次新政和這些人沒什麼關係。

對於慈禧太后提出的「新政」，國人大都持觀望態度。畢竟，三年前戊戌政變的陰影並未消散，這時慈禧太后提出的到底是真變法還是假維新，地方官員們不得不仔細揣測其用意。不然，萬一馬屁拍到馬腳上，那可不是開玩笑的。

在一片猜疑的氣氛中，地方督撫大員們在上諭規定的兩個月內居然無一字回奏。這個結果，頗讓慈禧太后始料未及——她本以為自己的華麗轉身會贏得滿堂的喝彩呢。無奈之下，清廷再次發出通知，催促那些地方督撫大員們趕緊「條議具奏，勿再延逾觀望」。

為了表明朝廷的決心和誠意，在發出第二個通知之後，清廷便成立了督辦政務處，當時被委為政務處督辦大臣的包括慶親王奕劻、李鴻章、榮祿、王文韶、鹿傳霖、瞿鴻璣等中央最高級別的官員，而地方實力派督撫大員包括劉坤一、張之洞、袁世凱（後加入）也被命遙為參與。

但是，這個陣容貌似強大，實則不然。當時有見識有實力的，如李鴻章，他因辛醜和談中嘔心瀝血，於當年積疾而亡；兩江總督劉坤一也是年事已高，隨李鴻章之後於次年病逝。1903年，為慈禧太后最信任的榮祿去世，而取代榮祿地位的慶親王奕劻，對變法既不瞭解，也不甚熱心。在這些元老大臣去世後，能真正起到支柱作用的唯有湖廣總督張之洞和取代李鴻章地位的袁世凱，但此時張之洞也已六十過半，血氣漸衰矣。

在朝廷的督促下，各省督撫也只得勉強發表一下自己的意見。首先打破僵局的是當時的山東巡撫袁世凱，他在督辦政務處成立的數日後便提出了包括整頓吏治、改革財政、整修武備、遣派留學生等十項建議。隨後，其他地方大員如閩浙總督許應騤、兩廣總督陶模和安徽巡撫王之春等人也都紛紛上奏，提出自己對新政的看法和具體建議。

李鴻章死後，當時名望最大的地方督撫當數兩江總督劉坤一和湖廣總督張之洞，這兩人被朝廷雙雙挑中「參與督辦政務處」，這種其他督撫大員所沒有的殊榮，也體現了朝廷對兩人的重視。由此，張之洞便和劉坤一商議，決定各自先擬個初稿，最後一起搞個聯名上奏。

由於劉坤一當時年老多病，這個聯名摺主要由張之洞負責。此時的張之洞已然經過多年的官場歷練，早已不是當年那個在朝廷裏激揚文字的「清流」了。在朝廷一再催促且其他督撫大員已經交稿的情況下，張之洞仍舊不慌不忙，他在揣度朝廷用意的同時，也不斷派人打聽各地的動靜，以保持與其他督撫大致接近的論調，避免自己走得太遠，傷了大家的和氣。

慢工出細活。張之洞的謹慎和精明對這個奏摺的出爐還是頗有幫助的。為了把這個奏摺寫好，張之洞還特意將劉坤一的幕僚張謇等人請到武漢，一起商議細節問題。據參與擬稿的人說，當時張之洞「薈萃眾說，斷以己意，日撰一條，月余始成」。這個聯名奏摺，就是後來著名的《江楚會奏變法三摺》。

劉坤一和張之洞會銜上奏的《江楚會奏變法三摺》，以「育才興學」、「整頓中法」、「吸收西法」為中心，提出了一整套的改革方案，實際上相當於整個清末新政的路線圖。那這變法三摺具體講的什麼東西呢？

先看「育才興學」摺。這一摺，講的是科舉制度和教育體制的改革，其中就明確提出，搞「刀弓石」考試的武舉對

現代軍事毫無用處，應當立刻停止，今後的軍事人才必須由軍事學校來負責培養；至於文舉，則通過改變考試內容和減少錄用名額的辦法來逐步廢止；與此同時，為了解決因廢除科舉而帶來的人才培養和選拔問題，全國應當仿照西方國家（其實是仿照日本），建立近代學校教育體制，設立小學校、高等小學校、中學校、高等學校和大學校的完整教育體系，並給予畢業生相應的功名，如高等學校畢業生為舉人、大學校畢業生為進士等，以逐步代替科舉中選拔人才的機制；在教學內容上，採用大量的西學內容，改變以往科舉考試中經書為主的歷史。最後，摺子中還提到要獎勵留學，特別是自費留學，對於那些有真才實學的海歸，要給予相應的舉人和進士同等出身。

第二摺是「整頓中法」，講的是內政改革。除了提出要整頓吏治、選拔優秀人才等一般性建議外，摺子中有這麼幾個亮點：一是提出要建立員警制度，取代差役；二是要仿照西方，改良司法，改善獄政；三是裁撤一些有名無實或者無用的機構和部門，如屯衛和綠營；四是允許旗人自謀生計，實際上是廢除沿用了兩百多年的八旗軍事駐防制度。

第三摺是關於軍事改革和經濟改革的。也許是在歷年的

對外戰爭中輸得太慘了，這一次要下定決心在軍事上「全盤西化」。摺子中提出，要完全採用西式方法練兵，從採用西式軍械到建立軍校乃至訓練和管理，都要切實向西方學習靠近。另外，他們也認識到，武器的製造不能完全依賴外人，從長遠來看，這還是要靠自己。但是，軍事工業需要很好的經濟基礎，由此，摺子提出了一整套的經濟改革方案，包括改良農業，發展近代工業，制定經濟法規保護工商實業等。

《江楚會奏變法三摺》並非是一般的泛泛而談，而是通觀全局後提出的系統變革方案，難能可貴的是，其中包含了大量的可行性建議。摺子上去後，慈禧太后也很滿意，認為「事多可行」，隨後朝廷下詔各省督撫大員，將劉坤一和張之洞會奏摺子中的內容，「其中可行者，即著按照所練，隨時設法，擇要舉辦。各省疆吏，亦應一律通籌，切實舉行」。從後來的歷史事實來看，《江楚變法三摺》實際上是確立了清末新政的指導方向和整體規劃。

張之洞和劉坤一在《江楚變法三摺》的最後一章中，專門提到辦理新政需要籌集鉅款一事，果然是有先見之明。事實上，無論辦什麼事情，不管你抱什麼樣的美好願望和善良動機，沒有錢終究是什麼都辦不成。你說你搞新政、練軍

隊、辦實業、興學堂，還有警政、地方自治什麼的，好不好？好得很！──但錢呢？

清末新政的推行，需要大量的經費作保證，可惜又遇到時機不好，庚子年時鬧下的巨額賠款，壓得清廷喘不過氣來。但是，「不變亦亡」，清廷也只得拆東牆補西牆，清理財政，廣開財源來竭力維持了。據周育民先生在其著作《晚清財政與社會變遷》裏的記載，1903 年清廷的財政收入為一萬零四百九十二萬兩，支出為一萬三千四百九十二萬兩，當年赤字三千萬兩；到了 1910 年，累計的赤字已達八千萬兩，而後一年（1911 年）的預算收入為兩萬九千六百九十六萬兩，預計支出為三萬三千八百六十五萬兩，當年預計赤字高達四千萬兩。我們從這些數字可以看出，清廷最後十年的財政收入劇增，但支出的數額卻更大，這和賠款及新政有著莫大的關係。

一分錢難倒英雄漢，沒錢什麼事情都辦不成。以新軍編練為例，如果按編練三十六鎮的計劃估算，這一塊每年的預算就達到五千四百萬兩，而當時朝廷的財政收入也不過一億兩多一點。結果除了袁世凱的北洋六鎮按編制完成編練任務外，其他省份大多減少計畫，或者根本就是有名無實。袁

世凱完成任務，主要還是因為他的北洋新軍負有拱衛京師之責，靠著朝廷強制攤派才得以保證經費的。為此，當時還有人抱怨說：「徵天下之餉，練兵一省，如人單護腹心，而聽四肢之屠割，未有不立死者也。」

不過，令人驚訝的是，在清王朝控制力日益縮減、統治危機加劇的情況下，在20世紀的前十年，它的財政收入居然還能以每年數千萬兩的速度增長，這不得不說是個奇跡。當然，羊毛出在羊身上，為了籌款，清廷只能向下攤派，而那些地方督撫們也叫苦不迭，上面催得緊了，只能層層轉移，向最廣大的老百姓身上榨取。原本為鎮壓太平軍設立的釐卡制度，不但沒有因為戰爭結束而撤銷，反而越徵越多，釐金成為清末的大宗歲入之一。

據清史稿的記載，當時清廷和地方政府在傳統的稅收外，又增加了許多新的稅捐，如糧捐、房捐、新捐、學捐、鋪捐、膏捐、統捐、攤捐等等，這都以前所沒有的，恐怕也是清末新政經費的一個重要來源。如袁世凱督撫直隸期間規定「每戶售酒百斤，抽捐製錢一千六百文，並准其于常價之外，每斤增加十六文發售」，這便是一例。

由於稅收加重，老百姓也是苦不堪言。當時因為推行新

政、增加攤派而引發的民變事件也為數不少，如各地毀釐卡、搶米風潮、衝擊新設立的警局甚至搗毀新學堂，給新政的展開帶來了很大的壓力。如 1901 年無錫發生的毀學事件，當時因為新建學堂需要經費，地方官決定米行所納廟捐轉歸學堂，由此觸犯了部分米商的利益，結果在他們的煽動和指使下，數座學堂被毀。這事後來還驚動了江蘇巡撫端方，在他的干預下，學堂才得以重建。由於經費不足，很多地方的學堂辦不下去，一些偏遠山村的文盲率反有上升之勢（廢科舉對私塾的打擊也是一部分原因）。

當然，辦法總是有的。由於當時的財政緊張，發展經濟，把餅做大便成為當務之急。但是，由於中國自古以來都是奉行重農抑商、壓抑私人資本的傳統政策，導致經濟發展水準遲緩。於是很多有識之士，特別是實業論者如張謇等人，皆大聲疾呼，要求朝廷制定獎勵實業、扶植工商的政策，所幸這種呼聲得到了及時的回應。1903 年商部的成立，也可謂是清廷經濟政策轉軌的重要標誌。

商部當時在中央行政體制中的地位，僅次於外交部而位居第二，這也顯示了清廷對振興工商、發展實業的重視和期待。商部的宗旨，以保護和開通工商實業為主，這也是中國

歷史上政府首次公開扮演宣導和獎掖實業的角色，開創了以經濟建設為中心之先河。

商部成立後，主要抓了這幾件事。第一件事是制定和頒行一系列商律，從法律上確認工商業者的社會地位和合法權益，並為解決工商業上的紛爭提供法律依據。當時制定的商律包括《公司律》、《破產律》、《公司註冊試辦章程》、《商標註冊試辦章程》、《礦務暫行章程》、《重訂鐵路簡明章程》、《商人通例》、《商會簡明章程》等等，為工商業經濟的發展奠立了良好的制度基礎。

袁偉時先生在其著作《帝國落日：晚清大變局》中指出，「良好的制度是人才迅速成長和資金積聚的強大推動器；反之，則資金消散、人才流失」。他認為，儘管當時還有很多制約經濟發展的不利因素，如強勢和享有特權的外國資本、釐金和其他苛捐雜稅，還有政府官員的腐敗等，但民族經濟仍有不俗的表現，主要原因是「政府不再愚蠢地堅持以官辦或官督商辦的壟斷經濟為路向，扶植和獎勵私人資本，建立自由的市場經濟制度，加上工資和原料低廉，市場廣闊，這些有利因素足以抵消其他制度性缺陷帶來的不利因素（如貪污腐敗和政府效率奇低等）的影響」。就這點而言，這些商律

的頒佈無疑是對私人經濟的一個確認和鼓勵。

　　袁偉時先生在書中舉了兩個例子，說為了維護國內利權，中國人自己辦的第一個棉紡織廠（即上海機器織布局），從 1876 年李鴻章批准籌辦到 1890 年開車生產，中間足足折騰了十四年。其間，李鴻章又請朝廷批准給予該局十年專利，「十年之內只准華商附股搭辦，不准另行設局」。這下好，後來張之洞也想在廣東籌設織布官局，不得不發電報問李鴻章：「聽《申報》上說，你給上海布局奏批了『十年之內，不准另行設局』，不知是否專指上海一地？」說到這裏，張之洞有點兒擔心，又趕緊解釋道：「我們廣東織布官局主要自產自銷，應當不至於妨礙滬局的利益。」李鴻章收到後答復說：「你們廣東設官局織布，距上海較遠，似也無妨。」

　　李鴻章和張之洞是當時權勢最大的兩位總督，這個矛盾在官場上很順利的化解了。但是，真正的問題並沒有解決，換了其他人辦企業就沒有那麼幸運了。譬如大清帝國的第一位駐外使節郭嵩燾，他在回國退休後，想籌辦一個航運公司，但屢經波折，辦不下來。後來他寫信給李鴻章抱怨說：「輪船之為便利，天下所共知也。愚劣如湘人，亦習焉而知其利。是以十年以前，阻難在士紳；十年以來，阻難專在官。

凡三次呈請……獨不准百姓置造。」第三次是郭嵩燾親自出面籌辦並已籌集資本兩萬餘，但這個航運公司還是辦不成！

「十年以前，阻難在士紳；十年以來，阻難專在官。」郭嵩燾的話點到了問題的本質。開始興辦洋務的時候，那些頑固守舊的士紳阻撓，而士紳們開化後，想要興辦實業的時候，卻又遭到官府的阻難。當時清政府為新經濟的發展設置了種種障礙，最為典型的便是在興辦新式工商、交通和金融事業的時候，一律實行批准制，而其中則是為效率低下、腐敗成風的官辦企業設置壟斷特權，不准民間資本自由進入。連郭嵩燾這樣的官場退休人士都難以通過官方批准這一難關，更不要說一般人了。

這個障礙一直到新政時期才被打破的。1904 年初，清廷接連頒佈《奏定商會簡明章程》、《商人通例》、《公司律》等商律，其中便規定「凡設立公司赴商部註冊者，務須將創辦公司之合同、規條、章程等一概呈報商部存案。」也就是說，國人興辦企業，毋須經過官府批准，只須登記註冊即可，這也是當時通行的國際慣例。

商部做的第二件事情是大力革除「恥言貿易」的舊觀念，獎勵在工商實業上有特殊貢獻的工商業者。當時的獎勵

分為二類，一是能製造輪船、火車、鐵路橋、發電機及對探礦、冶煉、水利、墾殖等有突出成績者，獎以不同等級的商勳；二是凡有能辦農工商礦，或獨立經營，或集合公司且確有成效者，「即各從優獎勵」。

清廷在經濟改革上的轉軌，受到實業界人士的熱烈歡迎。著名僑商張振勳在評價商部實績的時候說：「商部設立以來，綱舉目張，以保商為己任。」蘇州一帶的工商業者也稱商部「實行保護商人，振興實業政策，……誠富強之至計。」在私人經濟的大發展和實業救國論的大力宣傳下，國人對工商實業有了全新的認識，「民之投資于實業者若鶩」，工商實業界人士的社會地位也得到了很大的提高。

商部做的第三件事情便是鼓勵並推動各地商會的成立。1904 年 1 月，清政府批准下達商部制定的《奏定商會簡明章程二十六條》，推動各地組織建立商會。1902 年 2 月，中國第一個新式商會，上海商業會議公所首先成立。此後，商會以每年一百個左右的速度增長，發展成為一股不可忽視的社會力量。

總的來說，經過各級官府和實業界的努力，清末新政期間中國的民族資本主義經濟還是有了明顯的發展。據汪敬虞

先生在《中國近代工業史資料》中的統計，1895 到 1898 年，投資萬元以上的新設廠為五十五家，而 1904 至 1910 年間，投資萬元以上新設廠為兩百七十六家，其數量遠高於之前的時期。當時興辦的工廠主要集中在紡織業、繅絲業、麵粉業和機器製造業等，由此產生了一批民族資本家。 另外，清廷制定了《礦務暫行章程》後，各地掀起了興辦礦業的熱潮，在 1904 至 1910 年就新建礦廠四十八家，超過了以往的任何時期。此外，在交通、商業、金融等領域，民族資本也得到了明顯的發展。

應該說，從清末新政到抗戰的全面爆發的三十多年間，中國的民族資本主義發展很快，1895 到 1913 年間，民族資本工業的發展速度年均 15%，比第一次世界大戰期間的發展速度還略高一點。而在第一次世界大戰期間，趁著列強無暇東顧，中國的民族資本主義迎來了一個黃金時期，1912 至 1920 年的發展速度高達 13.8%。即使到 1937 年抗日戰爭爆發之前，雖然有內戰不斷、社會動盪的影響，但當時的經濟仍舊維持了一個較高的速度發展。比如在 1929 年開始的世界經濟大危機中，中國工業仍舊年均增長了 9.2%。毫無疑問，經濟的發展是有銜接的，我們不應該忽視清末新政在其中起到的

基礎作用。

中國近代史的發展，從某種程度上可以用一種「衝擊—反應」型的理論來解釋，譬如在晚清七十年的重大事件中，都可以找到其對應的物件。又譬如，洋務運動是受到兩次鴉片戰爭的衝擊而發起，戊戌變法是因為甲午戰爭的慘敗而勃興，與清末的新政相對應的則是八國聯軍的侵華戰爭。

從歷史的演變來看，清末新政是繼洋務運動和戊戌變法之後的第三次波浪。不過，這一次的變革在廣度與深度上都遠遠超過之前的洋務運動和戊戌維新。正如侯宜傑先生在《二十世紀初中國政治改革風潮》中指出的，清末新政後，「單純的封建專制制度已不存在，民主政治及有關法律有些在試行，有些在準備和確立之中，整個政治制度正在向資本主義近代化演變邁進。」毫不誇張地說，清末新政奠定了中國近代化的基礎，是中國告別傳統社會的第一步。

或許有人認為這是誇大其詞，但如果我們平心靜氣的來看，也許就會發現，清末新政的意義和成效遠遠大於後來的辛亥革命。我們可以從這麼幾個方面來看：一是清末新政的機構調整和官制改革，其奠定了現代國家的政府機構設置和職能劃分；二是廢除科舉和教育改革，其完成了中國教育面

向現代化的轉型；其三是法制改革，其廢棄了「諸法合體、政刑不分」的傳統，分離了行政權和審判權，開創了司法獨立之先河；其四是軍事改革，使中國具備了真正意義上的近代陸軍，推進了中國軍事的現代化；五是清理財政，首先引進了西方通行的國家財政預決算制度；六是獎勵實業，保護工商，直接促成了 20 世紀前三十年的經濟高速增長。

實事求是的說，清末新政達到的實效、社會各階層的參與度及對未來發展的深遠意義，非但是洋務運動和百日維新所無法企及的，就是辛亥革命也未必能達到這一高度。但令人遺憾的是，我們一提起晚清，特別是辛亥革命前的十年時，大多數人滿腦子想的都是清朝統治者是如何的腐敗無能，革命志士是如何的讓人熱血沸騰。這種革命史觀固然極為浪漫，但至少是不尊重歷史事實的。

在很多人的印象中，革命要比改革要難，因為革命要冒著掉腦袋的風險。但事實上，改革未必就容易。任何的改革，它都會遇到正反兩方面的攻擊和阻力，激進的改革者往往指責當局敷衍欺騙，缺乏誠意，而頑固守舊者則詈罵改革過於孟浪輕率，不成體統。改革的主持者往往夾在中間，左右平衡，這需要如何高超的藝術！當然，筆者並非是為清朝

鳴冤叫屈，而是希望人們能夠真正地認識到清末新政在中國走向現代化所起的基礎性作用，我們不能忘記那些為此做出貢獻的人。

誠然，清末新政的確是清王朝的自我挽救，但要是放寬視角的話，我們就會發現，晚清的最後十年其實是在完成一個國家的轉型，而不僅僅是一個王朝的自我救贖。我們不能因為主持新政的那些人是仇視革命，就把清末新政歸為「假維新」，這是有失公允的。事實上，當時的清廷在最後的十年中困難很多，但決心也很大，也確確實實推動了改革、取得了實效。革命黨指責清廷的新政是出於欺騙，「假維新」，這種宣傳口徑是站不住腳的。

可惜的是，清末新政畢竟是一場遲到的變革，甚至已經來得太晚了，清王朝已經錯過了好時機。歷史經驗表明，在近代化進程中，起步越晚，困難越大，情況就越複雜，而國內的期望和國外先進國家的示範效應也越大，這或許是明治維新與俄國改革能夠成功而清末新政卻難以挽救大清的重要原因吧。

當時的清廷可謂是進退兩難。新政的種種變革措施，如廢科舉、練新軍和法制改革，都從根本性上動搖了傳統專制

體制，而清廷當時又無力對其進行新舊整合，其動盪在所難免。比如廢除科舉消除了中國走向近代社會轉變時的障礙，但同時也割斷了那些士紳階層與清王朝的聯繫，使清王朝陡然失去原有的中堅支持力量。這些社會精英分子從原有機制中疏離出來後，其離心傾向和反叛意識也隨局勢的惡化而增強。同樣的情況發生在創辦新式學堂、派遣留學生和編練新軍上。清廷推行這些措施的本意是強國強軍，但現存政治體制和意識形態對這些新型知識份子毫無吸引力，而新軍隊因為這些人的加入，反而走到朝廷的對立面。

不過，新政一旦啟動，就無法停止——不要說停止，就是減速，清王朝也會被變革引發的各種合力所推翻。盲人摸象，小馬過河，清廷也只能在矛盾中摸索，在絕望中尋找希望，至於走到哪一步，已經不是他們所能掌控的了。

三、財政問題：清末新政是本難念的經

四、出乎意料：
廢除科舉為何波瀾不驚

1902 年，蔡元培在上海創辦的愛國女校。中國的近代教育實際上是從清末新政廢除科舉考試後真正開始的。

中國的科舉制度歷史悠久，其創立於隋朝，完善於唐朝，發展於宋朝，鼎盛於明朝，而清朝的科舉依舊是仿照前朝八股取士，但更注重對士人思想的防範，原因很簡單，因為清朝實行的乃是滿人的異族統治。

科舉考試制度在最初的選拔人才上，具有一定的歷史優越性，但隨著時間的推移，其弊端也逐漸暴露出來。特別是進入近代以後，科舉制度更是難以適應時代的發展要求。從古代來看，科舉制度關係到官員的選拔問題和全民族的教育問題，兩者緊密結合，缺一不可。從前的人讀書大都是為了做官，想要做官就要參加科考。在這個意義上來說，讀書人參加科考實際上是向朝廷求取利祿的過程，勢必對當權者俯首貼耳，志氣喪盡；而當權者也利用科舉制度收買讀書人，使其悉入轂中，為我所用。由此，科考的內容決定了教育的內容，而明朝開始的八股取士則更是束縛了讀書人的思想。

古代讀書人的科考之路是異常艱難的，以清朝為例，當時的考試分為三級：第一級為童試，三年舉行兩次，須經過縣考初試、院（省）考復試合格後，方能成為生員，也就是人們通常說的秀才。秀才的名額是有限制的，每次在全國範圍內錄取兩萬五千名。兩萬五千名聽起來不少的，但這也不是每個人都能考上的，譬如洪秀全當年就沒有考上。

鄉試是科舉考試的第二級，在各省舉行，三年一次，一次三場，也就是通常說的考舉人。舉人的名額也是有限定的，全國每次約錄取一千四百名。舉人和秀才相比可說是鍍

了金，一般來說，考中秀才最多只能開館授學，做個教書先生，而中了舉人後，往往能夠進入朝廷的儲備幹部名單，可以利用「揀選」、「大挑」等機會去做個小官，最不濟也可以去衙門裏做個幕僚幫辦什麼的。總而言之，中了舉人便等於進入了上流社會的門檻。但是，舉人這關很不好過，生員是可以通過捐納等方式買來，但舉人及其以上等級可是拿錢也買不到了（科考中行賄另當別論）。

要真正靠科班出身去做官的話，還得參加第三級的考試，這便是會試。會試是全國性考試，參加者都是舉人，也是三年一次，一般在京師禮部舉行。一般來說，會試的錄取名額為三百名左右，錄取者稱為貢士。會試過關的，隨後便參加由皇帝親自主持的殿試（也叫廷試），一場定終身，或金榜題名、名滿天下，或功虧一簣、名落孫山，就看皇帝的取捨和自己的運氣了。

殿試考中的，那就是所謂的「天子門生」（皇上點中的嘛），而其中又分一甲二甲三甲，一甲就是前三名，通常說的狀元、榜眼和探花，直接授翰林院修撰、編修這樣大有前途的職位；二甲為進士出身，三甲為同進士出身，總共約兩百名上下。這些人考完後，便經簡單的學習培訓後分配工作，

或入翰林院為庶吉士，或者留在中央為六部主事、內閣中書或者分到地方上去做知縣。

古代做官何其難，這七品芝麻官也不是那麼容易當的。那時的官不是學出來的，而是考出來的。可惜的是，這種機會三年才有一次，全國的名額也就兩百人上下，粥少僧多，能夠金榜題名的幸運兒畢竟是少之又少，對於大部分讀書人來說，「學而優則仕」不過是一個可望而不可及的夢想，多少人青燈黃卷，最後也不過是熬白了少年頭！

最要命的是，讓那些讀書人苦讀終身的那些經史詩文，在實際生活乃至行政管理方面都沒有什麼用處，更不要說促進近代工業化社會的發展了。舉個最簡單的例子，當時同文館招生的時候，就難以招到合適的優秀人才，因為在當時人的眼中，同文館不算正途出身。朝廷主辦的同文館尚且如此，更不要說其他學習西方技藝的學堂了。當年沈葆楨辦福州船政學堂的時候，招的也大都是貧苦子弟——因為讀這些學堂要簽契約，保證今後不參加科舉，都不能做官啊！

中國從來就不缺人才，但在科舉制度有意無意的指引下，那些優秀的讀書人都重仕途，輕技藝，這在近代工業化社會當然沒有出路。由此看來，沿襲千年的科舉制度的確到了不得不

廢的時候了，科舉一日不廢，中國的振興便無從談起。

　　但是，科舉制度的複雜性就在於，它不僅僅類似於現在的高考或者研究生考試，它還兼帶國家與地方公務員考試的性質（是選拔縣處級以上幹部而非普通公務員）。作為朝廷選拔官員的主要途徑，科舉考試的廢除，將關係到數以百萬讀書人的出身和仕途問題，可以想像其中的阻力是何等之大。譬如1898年戊戌變法的時候，維新派提出廢除八股、改試策論，停止武舉並開設經濟特科等的改革措施，康有為差點被人暗殺；而變法失敗後，一切照舊，武舉考試甚至又搞起了他們的「刀弓石」科目，全然不顧當時的世界早已是長槍大炮。要這麼看的話，大清朝在對外戰爭中大敗特敗，一點都不冤枉。

　　戰爭的失利讓停止武舉也就成為最容易的突破口。1901年8月，朝廷下詔永遠停考武科，而且鄉試和會試等均試策論，不再用八股格式命題；同時，朝廷決定在考試中增加政治、歷史、地理、軍事等適應時代需要的科目。1904年1月，負責修訂新學制的張之洞和學務大臣張百熙、榮慶上摺提出，由於科舉未停，所以新學堂的設立受到阻礙；而新學堂未能普遍設立，又使得科舉不能立刻停止。因此，朝廷應

該確立一個過渡期，使科舉和學堂教育歸於一途。這個奏摺上去後，得到了清廷的認可。由此，科舉便開始逐漸減少錄取名額而轉向學堂選拔人才了。

有意思的是，在某些時候歷史的發展往往會超越人們的預期。時隔一年，1905 年 9 月，在日俄戰爭的重大刺激下，國人要求立即廢除科舉的呼聲大為高漲。在這種形勢下，袁世凱會同張之洞、周馥、岑春煊、趙爾巽、與端方等地方督撫大員一起上奏朝廷，稱「科舉一日不停，士人皆有僥倖得第之心，民間更相率觀望」，請立停科舉，推廣學堂。慈禧太后在時勢危迫之下，也覺得遞減科舉名額的辦法緩不濟急，終於接受了立刻停止科舉的意見。

清廷隨後發佈諭旨，宣佈從光緒三十二年（1905 年）開始，停止各級科舉考試。由此，延續了一千多年的科舉制，在清末新政還不到五年便被徹底廢止。對此，美國社會學家羅茲曼在其著作《中國的現代化》中大加讚歎道：「科舉制度的廢除，代表著中國已與過去一刀兩斷，其意義大致相當於 1861 年沙俄廢奴和 1868 年明治維新後不久的廢藩。」應該說，這個評價頗為中肯，並不是有意的拔高溢美之詞。

也許有人要問，停止科舉考試之後，那些讀書人的出路

問題怎麼辦呢？

　　所幸的是，新政的決策者們比康有為那些維新派要成熟老練許多。他們在廢除科舉的同時，也及時採取了逐步替代的補救措施，那就是建立新的教育體系，來解決教育內容的更新和讀書人的出路問題。在 1901 年開始改革科舉的同時，清廷便決定選派人員出國遊學，重開京師大學堂，並在原有書院的基礎上改建西式學堂，以逐步取代舊的教育體系。

　　隨後，清廷又開始緊鑼密鼓的制定新學制。在幾經修訂的基礎上，清廷在 1904 年推出了以日本為模式的新教育體制，即所謂的「癸卯學制」。「癸卯學制」把全國學堂分為基礎教育和職業教育兩塊，其中基礎教育分為三等七級，即初等教育（包括蒙養院、初等小學堂和高等小學堂）、中等教育（中學堂）和高等教育（包括高等學堂、大學堂和通儒院）；職業教育則包括師範教育、實業教育和特別教育等。從劃分上來看，這已經非常接近我們現代社會的教育體系了。

　　在興辦新教育上，張之洞管轄的兩湖地區走在了全國的前列。他當時首先設立湖北學務處，並將湖北自強學堂改為普通中學堂，兩湖書院改為大學堂（後改為高等學堂），另設有師範學堂等。事實上「癸卯學制」的出現也主要是張之

洞的努力。作為少壯派官員，袁世凱也不甘落後，他設立了直隸學校司並聘請前貴州學政嚴修為學務總辦，並在直隸地區設立小學、中學、師範、法政、工業等各級各類學堂。在地方的推動下，清廷於 1904 年設立學務大臣（次年改設學部），並令各省設立學務處，主管新教育事業。

但是，當時發展新教育的困難也是很多的，譬如合格的師資、教學設備和經費都極其缺乏，其中尤以師資問題最令人頭疼。據後來的統計，當時大學及高等、專門學堂的教師，留學日本的占三分之一，出身科舉的占四分之一；而中等學堂裏出身科舉的教師則占到三分之一，小學堂更是占到一半左右。師資教育背景的限制，加上大多數學堂都是在原先的書院基礎上建立，新政時期的教育也就難免帶有傳統教育的頗多痕跡了。

為了解決西學人才的匱乏問題，清廷隨之大力提倡留學教育，其中又以留學日本為熱潮。在新政之前，留學日本的學生很少，在 1896 年也不過十來個人。後來張之洞在《勸學篇》中極力稱讚留學外國效果大，說「出洋一年，勝於讀西書十年；入外國學堂一年，勝於中國學堂三年。留學之國，西洋不如東洋，以路近費省，文字易曉，西書多已刪繁存要；

中、日情勢風俗相似，不難仿行」。在張之洞的影響下，當時
人出國留學的首選地便是日本。日本駐華公使矢野文雄也在
其中大力推動，並稱願為每年接納兩百名學生前往日本提供
便利。

後來，清廷更是積極推動官費留學，鼓勵自費留學，並
對學成回國經考核合格的留學生分別賜給進士、舉人、貢生
等相應出身，在用人的時候予以優先任用，一時間使得海外
留學掀起了熱潮。由此，留學日本的人便開始激增，1905 年
的在日留學生達到數千人，第二年甚至接近一萬，因為人數
增加過快，有三千多人甚至無法正常入學。

當時留學西洋的也有，但人數遠不如日本。19 世紀 70 年
代，中國本來選派了數批幼童前往美國留學，後來因為各種
原因撤回，後來去歐美留學的大都為自費或者教會選派，人
數也很有限。清末新政後，朝廷和各省也選派了一些留學生
前往英、法、德、俄、比等國學習。特別值得一提的是，美
國減收庚子賠款後，將退款用於資助中國選派的留美學生，
平均每年六十名。為此，當時在北京西郊清華園還設立了遊
學肄業館（後改名清華學堂，即清華大學的前身），專門負責
選派赴美留學生。插句題外話，當時留學歐美的人數雖少，

但品質卻遠高於留學日本的學生，他們大都完成了大學教育甚至拿到更高的學位，如赴美留學生；而留日學生參加的大都為速成班，龍蛇混雜，參加革命的倒為數不少。有例為證，1906 年清廷舉行歸國留學生考試，參加考試大多為留日學生，卻無一及格，而及格的前五名均為留美學生。

雖然有很多困難，但新式學堂與出洋遊學還是讓新政時期的教育有了飛速的發展。據當時學部統計，1904 年全國的學堂總數為四千多所，學生總數為九萬多人。到了 1909 年，學堂總數增長為五萬多所，而學生總數擴展到一百五十六萬名，其發展速度不可不謂驚人（現在的擴招與之相比，簡直不可同日而語）。

新政推行者本以為廢除科舉會遭到那些傳統士紳們（特別是已經獲得一定功名的）的強烈反對，但事情的發展卻出乎意料的順利，根本沒有發生決策者所擔心的事情。相反，那些有錢有勢的士紳們非但沒有阻撓，反而極為熱心的加入到興辦學堂甚至留學海外的熱潮中去。這又是為什麼呢？

原來，在廢除科舉、推行新教育的同時，朝廷注意到新舊的銜接，採取了逐步替代的戰略，這其中主要採取了這麼幾個措施：一是在 1906 年頒佈《舉貢生員出路章程》六條，

廣開門路，儘量安排原有的貢員、舉人和生員，以穩定那些上了年齡又難以接受新式學堂的那部分士人；二是在興辦新學堂的時候，各級畢業生，從高級小學到大學，都分別授予附生、舉人、貢生和進士的相應功名。這些舉措使得那些士紳們得到些許安慰並機敏地停止了抵抗，反而積極投身於新學堂的建設中去，以此來彌補他們在功名上的損失。另外，從 1905 年開始，學部每年舉行一次遊學畢業生考試，通過者分別授予進士和舉人功名，這也是讓很多士紳及其子女對留學趨之若鶩的原因之一。

廢除科舉制度，不僅僅是人才選拔方式和教育制度的變化，它更是一種社會的變革和對傳統社會結構的分解，其影響遠遠超出了科舉和教育本身。從短期來看，廢除科舉在推動社會進步的同時，也埋下了社會動盪的種子。正如蕭功秦先生在其著作《危機中的變革》中指出的，「廢除科舉制度導致了中國歷史上傳統文化資源和新時代價值之間最重大的一次文化斷裂」，這種制度資源的喪失，同時也為清廷的覆滅埋下肇因。

蕭功秦先生的話很有道理。中國古代的那些王朝之所以穩定，其關鍵因素就在於有科舉制度。因為有科舉制度，

這樣皇帝就有一大批的讀書人來支持他，而且這個社會有一個相對公正的機會來保證讀書人向上流社會流通，由此也構築了傳統社會的一種超穩定結構。作為一個反例，蒙古人不重視讀書人和科舉，而專門倚重本族人，這也是元朝之所以短命的原因之一；而與之相反的是，清朝雖然也是異族人統治，但卻極其重視科舉考試，而且滿漢不斷融合，所以清朝能夠堅持近兩百六十年。

歷史總是這樣，順之者昌，逆之者亡。清末科舉制度的廢除把士子們推向了時代的洪流，不管你是惶恐，還是哀怨，或者憤懣，這終究是不可改變的歷史定數。但清廷沒有想到的是，廢除科舉也讓那些士子們失去了對朝廷的忠心（因為不需要通過這個來做官了），在隨後的革命浪潮中，他們大多袖手旁觀，甚至反戈一擊。這一順一逆之間，歷史已是滄海桑田。

事實上，自從漢朝採取了「獨尊儒術」的政策後，歷朝歷代都將儒家學說作為科舉取士的標準，而孔子學說本身就是為國家和社會培養經世濟國的人才。中國的讀書人，從小就受到「正身安邦」的傳統儒家道德的薰陶，並在長期的學術訓練中有意識的學習如何參政，簡單的把儒學和科舉視之

為中國落後的萬惡之源，本身就是一種粗暴的偏見。

不可否認的是，科舉的廢除對中國傳統的儒家學說及其道德體系構成了致命的打擊（因為不考了嘛），儒家及其道德體系地位的喪失，在給予民主思想解放的同時，國人的傳統道德觀念及其水準也呈現日益下滑的趨勢，特別在後來「五四」等運動中更是飽受打擊，這種負面影響也是不可小覷的。特別在廢除科舉考試後一百多年後，現在社會中所出現的信仰危機等諸多問題，與當時釜底抽薪式的廢除科舉有著密不可分的關係。當時的人們固然可以以一種決裂的態度拋棄固有的傳統，但這並不代表傳統就真的死亡了。

中國人的問題，畢竟還是要根植於沿襲多年的傳統並以中國人自己的方式來加以解決。

四、出乎意料：廢除科舉為何波瀾不驚

五、半新半舊：
清末新政中的機構大調整

1906年戶部改為度支部時的官員合影。清末新政的機構調整，
是近代中國各部設置的追尋藍本。

　　清朝建立以後，其中央權力機構沿用的是明朝的內閣加
六部制度。所謂六部，指的是中國傳統的吏部、戶部、禮
部、兵部、刑部和工部。雍正即位以後，用軍機處架空了內

閣，變成軍機處加六部的結構，內閣反成為清談的擺設，當時如果大學士不掛著軍機大臣名號的話，基本就是「參謀不帶長，放屁都不響」。第二次鴉片戰爭結束後，清廷為了適應新形勢的需要，在傳統的六部之外特設立一個新部門，即「總理各國事務衙門」，也就是人們常說的總理衙門。

總理衙門是專門和外國人打交道的外交機構，但後來其功能越來越廣泛，包括洋務運動的興辦實業、派遣留學生等，都在它的管轄範圍之內。庚子年後，總理衙門的地位更是大大得到提升，清廷在外國人的要求之下，將總理衙門改名為外務部，並列於六部之首。在當時，估計就再沒有比和洋人打交道更重要的事情了。

由總理衙門改建而來的外務部還有一大創新，那就是部中不分滿漢，領導職位只設立一尚書兩侍郎，這打破了原先六部中設置滿漢尚書和侍郎兩套班子的制度。這一舉措，等於是打破清朝沿襲了近兩百多年的祖制（雙尚書制也是清朝所獨有），而外務部的變化，實際上也是後來的機構改革之先聲。

為了適應新政的要求，清廷開始設立新的領導機構。1903 年 9 月，為了振興商務、發展實業，清廷在六部之外又

成立了一個新的商部，其職能不僅僅侷限於商業，還包括實業（工業）和農業。後來，商部又將老的工部吸收合併，新成立的部門稱為農工商部，成為一個負責全國經濟發展的中央部門。與此相對應，地方上也紛紛成立了農工商局，作為地方上的經濟管理機構。

在一個長期奉行農本商末為基本國策的國度裏，從事商業和實業的人即使富有四海，也一向被那些羞於談利的士人們所蔑視，但在這次機構改革後，當時農工商部的地位僅次於外務部，足見朝廷的重視程度。清廷公開宣導並獎掖實業，這在中國歷史上是破天荒的第一次，就連那些朝廷大員們也不再羞於談及商業和利益，與時俱進嘛！

鑒於舊式軍隊毫無用處，清廷在商部成立後的次月又設立了一個新部門，這就是主管全國編練新軍的練兵處。練兵處由慶親王奕劻總負責，袁世凱和鐵良協助辦理。由於奕劻不懂軍事，練兵處基本由袁世凱掌握，這也為其打造北洋軍政集團提供了便利的條件。在清廷後來的中央官制改革中，兵部更名為陸軍部（海軍部另設），練兵處也被歸併其中。

緊接著，清廷又成立了財政處，作為中央財政管理機構。在中央官制改革前，財政處主要負責清查各地財政收入；

中央官制改革後，財政處與戶部合併，成立一個新的部門，即度支部（相當於現在的財政部）。

1905 年 10 月，清廷又決定成立巡警部（後改名民政部，相當於現在的警政署），以管理全國的員警並負責各地的治安，取代原先的地方保甲制度。同年 12 月，由於科舉制度被廢除，為了適應新教育體系的要求，清廷又成立了學部（相當於現在的教育部），並將原先的國子監吸收合併。為了管制交通和通訊，後來清廷又設立了郵傳部。經過這些變化後，原先的六部制已經是支離破碎，這也為後來的中央官制改革提供了契機。

1906 年 11 月，清廷進行中央官制改革，除內閣和軍機處仍舊不變外，新設立或改名稱的有十一個機構，即外務部、學部、民政部、度支部、陸軍部、法部、農工商部、郵傳部、海軍部、軍諮府、資政院、審計院，新政時期的機構調整規模可謂前所未有。至此，隋唐以來的傳統六部建置便不復存在。在這些機構裏，清廷廢除原先的滿漢尚書雙人負責制而改行單一的領導制，以革除「數人共一職」的低效管理方法。此時的清政府，可謂是半新半舊，看起來雖然還有些彆扭，但終究邁出了走向近代社會的重要一步。

一般來說，在設立新機構的時候阻力較小，而裁撤改革舊部門的阻力極大。原因很簡單，設立新機構可以為一些人提供做官的機會，而裁撤舊部門則要敲掉原先官員們的飯碗，受到的阻力可想而知。這種情況，不只是清末新政有，歷朝歷代的改革都是如此。不過，清廷當時還是排除了重重阻力，將一些有名無實、不適應時代發展要求的舊衙門加以裁撤或者歸併。

從 1902 年 2 月開始，清廷便開始有計劃的裁撤歸併那些有名無實或者職能重複的中央主管部門。首先被裁撤的漕運屯田衛所（清朝設有漕運總督）。屯田和衛所本是為漕運而設立，但當時漕運早已是有名無實，屯衛反成為一大弊政。同時被裁撤的還有河東河道總督，這個機構本是為治理黃河而設，但收效甚微，而每年靡費無數，其被裁撤後，由河南巡撫兼管相應事務。1902 年 3 月，清廷又將一些閑衙分別裁併，如管理太子事務的詹事府（清朝最後三個皇帝都沒有子女，哪來的太子），被裁併入翰林院；通政司直接被裁撤；太常寺、光祿寺和鴻臚寺被併入禮部，太僕寺被併入陸軍部。

1904 年後，清廷開始對地方上的一些冗餘機構進行清理裁併。當年 7 月，粵海關、淮安關兩監督和江寧織造被撤，

粵海關事務劃歸兩廣總督管理。當年 12 月，由於總督和巡撫的機構重疊，雲南巡撫和湖北巡撫被撤，其事務分別由雲貴總督和湖廣總督兼管。同樣情況的廣東巡撫也於次年被裁撤，其事務由兩廣總督兼管，這樣，就避免了總督和巡撫同處一城、同管一省的冗政。福建水師提督在中法戰爭後作用不大，也被裁撤。1905 年 1 月，漕運總督被裁撤，改設江淮巡撫。三個月後，此機構再次被撤，改淮揚鎮總兵為江北提督來代替。由此，漕運制度便也成為了歷史。

在裁撤冗餘部門的同時，清廷也加強了吏治的整飭。首先是廢除捐納制度。所謂捐納，就是捐納買官，其實是一種公開的買官賣官行為。捐納制度本來一向控制甚嚴，但後來清廷為解鎮壓太平軍的一時之困，導致口子大開，各色人等由此混入，而捐官者出了錢，撈到一官半職後當然是挖空心思，以貪污勒索為能事，這也是經濟利益驅動之必然。1901年 9 月，清廷下旨將捐納制度永遠停止。

隨後，清廷對各級衙門進行整頓，裁汰書吏和差役，簡化各級衙門的公文形式和辦事程序，改陋規為公費等。由於制度的缺陷，書吏和差役在清朝的待遇極薄，如果按名義上的待遇的話，這些人根本就不可能養家糊口。也許是出於這

個原因，書吏和差役往往在衙門裏「舞文弄法，朋比為奸」，而那些科舉出身的官長大都不懂實務，「奉吏為師」，往往被這些人搬弄，在地方上為害甚大。新政時期，朝廷嚴令各級官長親理政務，裁撤那些擾民害民的書吏和差役，以期提高辦事的效率。

在清末新政全面展開的同時，對不合時代的舊法制進行改革也成為一項緊迫的任務。大清帝國當時實行的是三權合一的傳統專制體制，加上外國人藉口中國的法律嚴酷而在租界內行使領事裁判權，拒不遵守中國法律。為了廢除洋人的治外法權，1902 年 5 月，清廷任命沈家本和伍廷芳為修訂法律大臣，命他們「按照交涉情形，參酌各國法律，悉心考訂，妥為擬議，務期中外通行，有裨治理」。由此，沈家本和伍廷芳經過兩年的籌備，成立了修訂法律館，開始了對中國歷史有重大影響的修律活動。

不可否認的是，中國古代法律的確極為嚴酷而殘忍，甚至到清末還在實行如凌遲、梟首、戮屍、斬決等極不人道的酷刑，而且行刑時往往在公眾聚集之所，有意製造恐怖氣氛，這和當時西方文明社會的要求實在差之甚遠。從這個角度來說，後人因為肉刑問題去指責洋人頗為滑稽（應對其抗

議表示感謝才對，不然的話，我們現在可能還得挨板子）。

另外，中國古代法律「諸法合體」，「政刑不分」，這種法律傳統已經難以適應近代社會的發展。不過，好在清廷選中的兩位法律修訂大臣，沈家本和伍廷芳，都是熟悉中西法律的專家型官員。清廷的這次選官用人得當，兩位大臣也的確是人才難得。兩位大臣接受任命後，第一件事情便是成立修訂法律館，並首先組織人員翻譯西方法律，整理中國法律舊籍，然後對中西法律進行比較、研究和評介。

在兩位大臣和法律館人員的努力下，西方國家（包括日本在內）的法律及論著得以介紹到中國，進而根據中國的實際情況來修訂舊律或創立新法。不僅如此，為了培養法律人才，沈家本還親自到日本聘請法律專家前來中國的法律學堂授課，這也是中國近代法律教育和法學研究的開端。從教育的角度上來說，這些都是清末法制改革的重要組成部分。

沈家本和伍廷芳在修訂法律的時候，第一件事便是將中國傳統的「刑法為主、諸法合體」的結構打破（如當時的基本法《大清律例》），先區分出實體法和程序法（訴訟法），然後在實體法中再細分出刑法、民法、商法等專門的法律部門。換句話說，也就是使中國「諸法合體」的傳統法律向

「諸法分立」的體系轉變，這無疑是一種革命性的變化，為中國法律的現代化奠定了堅實的基礎。

但是，在法制改革的進程當中遇到了很大的阻力，特別在推行司法行政機構改革的時候。原來，中國傳統的地方官是行政權和司法權不分的，而新的法制改革則是要推行西方法律體系中的司法獨立原則，另設獨立的審判體系，這讓地方督撫覺得自己的權力被部分剝奪。就連主張行政的張之洞都對此不理解，說「督撫但司檢察，不司審判」後，「則以後州縣不親獄訟，疆臣不問刑名」，那些地方官的權力（及由此帶來的油水）豈不是少了老大一塊？

阻力雖大，但法制改革依舊要向前推進。在中央司法機構改革中，刑部改名為法部，大理寺改為大理院。這個改革並不是簡單的換個名字，而是結構性的調整，改革後的大理院相當於最高法院，「與（法部）行政官相對峙而不為其節制」。隨後，在地方司法機構改革中，也在各省各級普遍設立高等審判廳、地方審判廳和初級審判廳以行使審判權，而以原先的按察司改為提法司，負責司法行政和監督，以實現地方上的司法獨立。

這些司法機構的改革，加上後來《各級審判廳試辦章程》

的實施，實際上是把司法行政權和審判權分開，審判權開始獨立於行政權之外。這個變化，實際上是廢棄了中國長達千年的行政兼理司法體制，也可謂是中國司法獨立之起源，邁出了現代法制的第一步。這種變化，是結構性的變化，意義是極為深遠的。

另外，獄政改良也屬於清末法制改革的一部分。有人曾說，監獄的好壞是衡量一個國家文明程度的標準，此言不差。傳統監獄的黑暗可能比嚴苛的刑法更要殘酷，對此，方苞曾在《獄中雜記》做了觸目驚心、令人膽寒的描述（可參考拙著《帝國的緋聞：大清野史三百年》中的記敘）。當時的獄政改良主要本著人道主義和改造主義的原則，改革監獄管理制度，改善犯人的生活待遇，並重點在於感化犯人，教之以謀生手段，而不是殘酷破壞。應該說，這些觀念和實踐在當時和未來的獄政管理中都起到了積極的作用。

當然，清末法制改革最重要的，還是其推出的一系列修訂的新法律。經過精心準備後，修律大臣沈家本和伍廷芳陸續推出了一些重大的法律，如《大清刑事民事訴訟法》（1906年）、《新刑律草案》（1907年）、《大清現行刑律》（1910年）、《大清刑事訴訟律草案》（1911年）、《大清民事訴訟律

草案》（1911 年）及其《商人通例》、《公司律》和《破產律》等一系列的民法、商法法案。在清朝覆滅之前，這些按照西方法律分類編制的法典基本都已經修訂完畢或者已經在起草之中。

值得慶倖的是，沈家本、伍廷芳修訂的這些法律（包括已編好而尚未頒佈的法律），並沒有被革命所埋葬。相反，革命後的政府依舊長期沿用清末修訂的那些法律，特別清末修訂的三個總結性大法：《大清刑事民事訴訟法》、《大清新刑律》和《民律草案》（尚未頒佈），辛亥革命後，無論是孫中山還是袁世凱，或者是北洋軍閥和國民黨政權，都只是對這些法律略加刪改後繼續沿用。事實上，我們現在的法律體系框架和基本原則也都是來自於一百年前清末法制改革的成果。

在提倡法制文明化的同時，社會生活領域也出現了很多變革。其中，引進西方的員警制度頗為成功。清朝原本實行的傳統的保甲制度，另外，綠營和地方團練也承擔部分的社會治安職責。但總的來說，都不夠專業，效率也不高。1902年，袁世凱在直隸試辦員警制度初有成效，於是朝廷命各地以直隸為範本，加以推廣。

當時的一些生活陋習也受到新政的調整，其中包括纏足

和吸食鴉片。纏足是中國歷史上最為醜陋和殘忍的制度，居然沿襲千年，也是令人匪夷所思。對此，很多西方傳教士和維新派人士都對此極為反對，但一直到 1902 年，清廷首次發出上諭，勸誡纏足。由於清廷的公開提倡，晚清社會的「不纏足」運動蓬勃發展，這才使得那些飽受纏足戕害的女性同胞得以解放。

鴉片是近代中國最令人深惡痛絕的。在西方列強的武力威脅下，鴉片貿易在鴉片戰爭後得以合法化，這不但捲走了中國巨額的財富（鴉片貿易是 19 世紀最大的單宗貿易），而且讓中國人的身心受到嚴重的摧殘。1906 年，清廷在發佈禁煙上諭的同時，派出使臣與英國交涉禁止輸入鴉片事宜。1909 年，上海召開了萬國禁煙會，中國的禁煙運動得到了國際輿論的普遍同情，在這種情況下，英國答應逐步消減鴉片輸入中國，直到 1917 年徹底禁絕。

由於清末革命黨經常宣揚「排滿主義」，當時的滿漢衝突也變得日益加劇。為了維護統治，清廷決定取消滿人的特權，調和滿漢矛盾。不過，話說回來，雖然滿人入關後八旗在各地駐防，世代為兵，並享受國家供養和免稅等特權，但兩百多年下來，一般的旗人（大多數人連滿語都不會說，和

漢人已無區別）早已窮困不堪，甚至連普通漢人都不如。因為當時清政府給滿人的供給極為微薄，卻不能從事他業，能養家糊口已屬不易，真正享受特權和富貴的其實主要是極少數的滿族親貴。

正因為如此，清廷也覺得遵循祖制毫無必要，便於1902年放開滿漢通婚的禁令，並於隨後對漢人開放原先只能由滿人擔任的職位如將軍和都統等。1906年官制改革中，清廷又廢除了滿漢尚書的雙人平行制，改由不分滿漢的一人制。一年後，清廷又下令廢除旗人不事生產的特權，授予旗丁土地，責令耕種，讓普通旗人們自謀生計。而在法制改革中，除了宗室親貴，一般滿人在禮儀和刑罰上都和漢人同等對待。可惜的是，靠犧牲普通旗人的利益來消除革命威脅，這本身就是不現實的。

儘管有各種令人不滿意的地方，但不管怎麼說，清末新政的這些機構調整和政治改革，總算是為中國走向近代化邁出了一大步。現在的人如果要回顧之前取得的進步，恐怕還得從清末新政找到源頭呢。

六、出師不利：
炸彈為何扔向憲政考察大臣

　　1904 年，也就是甲午中日之戰的十年後，曾經硝煙四起的遼東大地上再次爆發戰爭，這就是歷史上的日俄戰爭。令人心酸的是，當日俄兩個強盜在中國的國土上大打出手時，而主人卻只能無奈又頗為無恥地掛起免戰牌，宣佈在這一場令國人蒙受恥辱的戰爭裏「嚴守中立」。無論誰是這個戰爭中的贏家，清廷這種夾起尾巴做人的鴕鳥政策都將令後人感到羞愧。

憲政考察大臣端方

刺客吳樾

　　出人意料的是，這場戰爭卻為清廷突破當時新政的瓶頸提供了契機。國人在親眼目睹了這小小的

島國日本竟然將老牌的沙俄帝國打翻在地，這個令人驚詫的結果，不免讓國人又想起了十年前的甲午之役。一向被中國人看不起的東洋小鬼子，究竟是從哪裏獲得的力量呢？假如說在甲午戰爭中日本戰勝中國是「以國運相搏」，還有點運氣成分的話，這次日本擊敗強大的沙俄，算是讓國人徹底無語，並且心服口服了。

長期積壓的危機意識和變革要求，終於在這場令人蒙羞的戰爭後得到了宣洩的機會。戰爭剛一結束，當時素有清議之名的《大公報》便立刻發文稱：「日立憲國也，俄專制國也，專制國與立憲國戰，立憲國無不勝，專制國無不敗。」

作為一個合理的解釋，日本對俄國的勝利很快被當時的人歸結為立憲政體對專制政體的勝利。在《大公報》的帶動下，國內報刊的輿論情緒極度高漲，他們利用自己的管道大力宣傳立憲勝於專制，「二十世紀舉全地球中，萬無可以復容專制政體存在之餘地」，立憲自由主義乃大勢所趨，所向無敵，如果「頑然不知變計者，唯有歸於劣敗淘汰之數也。」

據當時的《東方雜誌》稱，當時人人談立憲，「上自勛戚大臣，下逮校舍學子，靡不曰立憲立憲，一唱百和，異口同聲」。這種萬民交議的氣氛也影響了朝中的大員們，如袁世

凱、張之洞、周馥等人便在輿論的推動下向朝廷上書，請求實行立憲政體。就連當時的駐外大使們也紛紛奏請清政府仿效「英、德、日本之制」，「定為立憲政體之國」。在這些上書中，提出了一個相對可行的建議，那就是派遣官員出國考察其他國家憲政，為中國的立憲做準備。

群情激昂之下，慈禧太后難免也有些動心。1905 年 7 月 16 日，清廷下發了一道諭旨：「方今時局艱難，百端待理。朝廷屢下明詔，力圖變法，銳意振興。數年以來，規模雖具而實效未彰。總由承辦人員向無講求，未能洞達原委。似此因循敷衍，何由起衰弱而救顛危。茲特簡載澤、戴鴻慈、徐世昌、端方等，隨帶人員，分赴東西洋各國考求一切政治，以期擇善而從。嗣後再行選派，分班前往。其各隨事諏詢，悉心體察，用備甄采，毋負委任。所有各員經費如何撥給，著外務部、戶部議奏。」

清廷宣佈派遣官員出訪日本及歐美等國家進行政治考察的表態，立刻成為當時的頭條新聞，讓國人興奮莫名。就在第二天，當時的主要報紙都在顯要位置刊登了這道簡派大臣出洋考察政治的上諭全文。不僅如此，各報刊還紛紛組織人手針對「考察政治」一事做連續的專題報導和評論。對於這

次大臣的出洋，輿論和民眾更是翹首以盼，寄予厚望。

對於出國考察的官員名單，清廷也頗費了一番腦筋。最終確定下來的五位官員，分別為宗室鎮國公載澤、戶部左侍郎戴鴻慈、兵部侍郎徐世昌、湖南巡撫端方和商部右丞紹英。這五人的身份和官職不一，有皇室成員，有地方大員；有負責財政的，有負責軍事的。當時輿論評價說，載澤乃「宗室貴胄，留心時事，素號開通」；戴鴻慈「久歷部寺，頗講新政」，「深知立憲可以救國，在京竭力運動」；端方則「奮發有為，于內政外交尤有心得」。

出發之前，慈禧太后還特意召見了端方，讓他帶上些宮廷御用點心路上充饑。慈禧太后很有誠意的問端方：「如今新政都已經實行了幾年，你看還有什麼該辦，但還沒有辦的？」端方說：「尚未立憲。」慈禧太后問：「立憲有什麼好處？」端方說：「立憲後，皇位置則可以世襲罔替。」慈禧太后聽後便讓他細細說來，端方遵旨講述，大概講了半個多小時，慈禧太后聽後，若有所思。

除了考察大臣的人選問題外，出洋經費的籌措也是件難辦之事。按說堂堂一個大清帝國，這點小銀子算不了什麼，但當時的庚子賠款讓清廷的財政很是喘不過氣來；再者，由

於大臣出洋考察是臨時派遣，當時又無預算制度，所以經費得由地方上來籌措。於是，戶部與外務部聯合向當時的各省總督巡撫發電求助。沒想到的是，一向對交銀子推三阻四的各省督撫們這次表現卻異常的積極，直隸、湖北和江蘇各認十萬兩出使經費，就連新疆這樣的邊遠窮省都認籌了一萬兩。兩個月後，各省便總共籌集了考察團的預算費用八十餘萬兩銀子。事後結算，端戴團花了約三十八萬兩，載澤團花了三十三萬兩，主要用於成員的工資補貼、旅館費用、電報通訊費、服裝費、禮品費用和買書和翻譯等費用。

按照最初的計畫，考察團在五位大臣的率領下，兵分兩路：一路由載澤、戴鴻慈和紹英帶隊，前往俄、美、義、奧等國，重點考察憲政；另一路則由徐世昌和端方率領，前往英、法、德等國，多帶懂西文的隨員，主要是表面上的考察。正當考察團準備妥當預備出發的時候，卻又發生了一件意外之事。

1905 年 9 月 24 日，正陽門車站熱鬧非凡，到處彩旗飛舞，鑼鼓喧天，為五大臣特意準備的列車早已準備妥當。在親朋好友和朝中官員的簇擁下，五位考察大臣頻頻作揖，一行人準點來到京城外正陽門車站。在一片喧囂聲中，五位大

臣登上火車,載澤、徐世昌、紹英三位大臣坐在前面車廂,戴鴻慈和端方則坐在後面的車廂裏面。正當他們和那些送行的人揮手致意的時候,火車開始慢慢啟動,準備駛離正陽門車站。

就在此時,出人意料的事情發生了。當時只聽得「轟」的一聲巨響,將尚未完全啟動的火車震得左右亂擺,隨後一團濃煙和烈焰從車廂中衝出,一顆炸彈爆炸了!頓時,車站送行的人亂成一團,一個個都驚慌得四處奔走。在眾人驚魂未定的時候,車站巡警匆忙趕來,他們登上車廂後發現五大臣中除了紹英傷勢較重,載澤、徐世昌略受輕傷外,戴鴻慈和端方由於坐在後面的車廂中,故而毫髮無損,安然躲過一劫。據戴鴻慈後來在《出使九國日記》中的記載,載澤「眉際破損,餘有小傷」,紹英「受傷五處,較重,幸非要害」,徐世昌「亦略受火灼,均幸安全」。紹英原本不是考察大臣之選,後來清廷考慮到載澤年少,所以加派紹英同行,不料還沒出行就遭此大禍!

後來查明,這是一次精心策劃好的暗殺活動。巡警在車廂的中部發現一具屍體,一身皂隸的裝扮,屍體上有個名片,上書「吳樾」二字。由於此人距離炸彈最近,當場便被

炸身亡。吳樾，字孟俠，安徽桐城人。他原本也是個寒窗苦讀的士子，但在目睹了清朝在甲午之役、庚子之役乃至日俄戰爭中的一敗塗地之後，吳樾終於由一個溫文爾雅的讀書人變成了積極排滿的革命者。吳樾當時深受暗殺思潮的影響，在他看來，「排滿之道有二：一曰暗殺，一曰革命。暗殺為因，革命為果。暗殺雖個人而可為，革命非群力即不效。今日之時代，非革命之時代，實暗殺之時代也」（吳樾：《暗殺時代》）。對清廷的新政，吳樾一向是嗤之以鼻的，他認為這不過是清廷苟延殘喘的一種手段罷了。這時，正好清廷大張旗鼓的選派五大臣出洋考察，吳樾便決定要利用這次大好機會，給清廷一個狠狠的打擊。

開車前，吳樾改換了皂隸的衣服並趁著送行的混亂當口悄悄地摸上了火車。他此行抱著玉石俱焚的個人犧牲目的，只希望能將這五位大臣一併炸死。然而事情並沒有像吳樾想像的那樣順利，正當他準備投彈的時候，由於火車啟動，車廂和機車掛鈎接合導致車身發生猛然震動。當時的火車當然達不到現在列車的穩定要求，但更要命的是，吳樾自己造的炸彈更加不穩定。結果車廂一震動，吳樾還沒來得及向大臣們投彈，炸彈便「轟」的一聲被引爆了。這次爆炸，當場炸

六、出師不利：炸彈為何扔向憲政考察大臣

087

死三人，吳樾即為其中之一。

慈禧太后聞訊後，急忙召見了受傷的大臣們，大加撫慰。接見時，老太后面對大臣，也不免悽然淚下，謂如今世事之艱難。而正陽門車站刺殺事件發生後，仇滿排滿之風日盛，京城中也是謠言四起，人心惶惶，說革命黨人即將在城中造反，炸彈已經運進城中，即將進攻紫禁城云云。謠言之下，滿人被嚇得一驚一乍的，滿族親貴們的王公官邸，特別是萬壽山附近的都紛紛加強了戒備，大臣們出門也是時刻提防，免得有人向轎中扔炸彈。

在恐慌氣氛下，就連慈禧太后都有點慌了手腳。據說清朝宮中挖有地道可以通往外面，裏面有室有戶，有床有凳，有椅有燈，如遇到緊急情況，皇帝往往帶領眾多嬪妃和皇子躲進地道。地道外面則有一個最忠實的太監，給裏面的人報打拿（滿語「平安」的意思）。吳樾炸彈事件後的幾天裏，慈禧太后也不時的帶著光緒帝和後妃躲進地道中，儼然已是驚弓之鳥矣。

不過，當時的主流報刊輿論對這次暗殺事件評價不高。相反，他們大都認為五大臣出洋考察是為立憲作預備，事關國家和民族的前途命運，凡稍具愛國心者應鄭重其事以祝其

行，因而對吳樾的暗殺恐怖活動一般都持譴責態度。不僅如此，輿論還深恐這次炸彈事件會影響到大臣出洋考察，進而影響到憲政的實施，於是他們紛紛在報紙上撰文敦促清廷要不畏艱難，奮勇前行。民間對於出洋考察大臣挨炸一事也大都表示同情，他們紛紛發來慰問電報，如上海復旦、南洋等三十二所學校就聯合發了慰問電報。

出了這個事情後，清廷主張緩行出洋考察。地方上聽到這個消息大為不滿，紛紛致電清廷，強調「當此更宜考求各國政治，實行變法立憲，不可為之阻止」。考察大臣之一的端方態度更為積極，他上奏朝廷說各國均有來電，對中國考察團表示歡迎，已做了妥善的接待安排。如果因為一顆炸彈就取消出洋考察的話，恐怕會被外人笑話。而當時的考察大臣中，由於紹英受傷較重，仍在床上養傷。當時有人譏諷紹英，說他藉口養傷，其實是害怕不敢去了。紹英聽後非常氣憤，說：「如果我死而憲法立，則死而榮生，死我何惜。各國立憲，莫不流血，然後才有和平。」於是他也上奏請求繼續派大臣出洋考察。

而在這時，戰敗的俄國也宣佈要推行憲政。1905 年 10 月，沙皇尼古拉二世頒佈《十月宣言》，承認人民有言論、

出版、結社、集會、信仰、人身自由和參政的權利,並開始著手實行政治改革。當時駐俄大臣胡惟德及時的將此一情況通報清廷說:「俄國現已公佈立憲……亟宜立定憲法,上下一心,講求自立之策,以防各國侵害。」俄國公佈立憲這事對國人震動很大,也令國人更加的焦灼,唯恐落在俄國人的後面。

光緒和慈禧太后得此消息後,態度又發生轉變,隨後便召見載澤,詢問何時可以再次出洋。幾天後,報紙上便登載新聞說載澤傷癒,並已向光緒銷假請安。10月底,光緒和慈禧太后再次召見軍機大臣,表明考察政治是當務之急,務必飭令各考察大臣速即前往,不可任意延誤。

而此時的俄國人腳步更快。11月2日,俄皇宣佈立憲。11月6日,沙皇又下詔釋放所有政治犯。唯恐落在他人之後的清廷也急起直追,於11月18日諭令政務處先籌定憲法大綱,11月25日又設立了考察政治館,作為領導立憲改革的專門機構,從事各國憲政的研究,並向朝廷提供憲政改革方面的建議。

可惜的是,雖然設立了考察政治館,但國人當時對憲政幾乎一無所知,沒有考察,何來的考察政治館?於是在當年12月,清廷決定再次派遣大臣出國考察憲政。由於紹英受傷

未癒，徐世昌另有任用，後來由山東布政使尚其亨和順天府丞李盛鐸二人替換。這次出行和上次的計畫一樣，仍舊是分兩路進行考察。

為了防止再次發生炸彈襲擊事件，第二次大臣出洋考察決定分批出發，低調出行。1905 年 12 月 7 日，迎著凜冽的寒風，端方和戴鴻慈帶領首批考察團（後稱端戴團）進入正陽門火車站。鑒於上次的教訓，「車站稽查嚴密，外人不得闌入」。為了保護考察團人員的安全，當時車站採取了極為嚴密的保護措施，巡警們也在車站外來回巡邏，閒雜人等不得進入車站內。

中午時分，首批考察團的成員都已到齊，當時也不像第一次有大量的人前來送行，整個登車過程都在靜悄悄的氣氛中進行。不過，令他們放心的是，從北京到天津倒也沒出什麼亂子。到了天津後，考察團又轉到秦皇島，由從德國購買回來的「海圻」號軍艦護送前往上海。數日後，「海圻」號便到了上海的吳淞口，考察團在此稍做休息，人員也有所增加，最後計有正式團員三十三人，各省選派考察人員四人，赴美留學生十一人（一說八人），聽差二人，雜役四人（因為辮子的緣故，考察團還特意帶了一名剃頭匠，也算是天朝的

特色）。

1905 年 12 月 19 日下午 2 時，在眾多國民的殷殷期望中，端戴團的幾十名考察人員登上美國太平洋郵船公司的巨型郵輪「西伯利亞」號（S.S.Siberia）。隨著郵輪汽笛的拉響，「西伯利亞」號收錨起航，緩緩駛離上海，向日本駛去。幾經周折的出洋考察團終於算是正式離開國門，出發了。

12 月 11 日，由載澤、李盛鐸和尚其亨率領的第二批考察團（後稱載澤團）也從北京低調出發，同樣前往上海搭乘外國郵輪出洋。在上海，載澤團也會合了各省選派隨團出洋考察者六人以及留學生若干人。1906 年 1 月 14 日，一行人搭乘法國輪船公司的「克利刀連」號揚帆啟程。

考察團沒有想到的是，國外輿論對清廷派出考察團一事的反應十分熱烈。早在五大臣出洋之前，外國的一些報紙便登載了大清帝國將要派出考察團的消息，英國的《泰晤士報》還在 1905 年的 9 月 3 日和 4 日，連續發表評論《論中國之前途》，對中國的新政改革和選派大臣出洋考察進行了很高的評價。

五大臣正式起航後，1906 年 2 月 12 日，《泰晤士報》發表了一篇題為《中國人的中國》的文章。作者布蘭德滿懷熱

情地評論道：「人民正奔走呼號要求改革，而改革是一定會到來的……今天的北京已經不是幾年前你所知道的北京了。中國能夠不激起任何騷動便廢除了建立那麼久的科舉制度，中國就能實現無論多麼激烈的變革。」

2月25日，德國著名的漢學鼻祖福郎克在《科隆日報》上發表了一篇名叫《中國訪問團學習外國的國家管理》的文章。在文章裏，福郎克寫道：「來自紐約的消息：一個中國訪問團為了學習外國的國家管理，已於2月15日離開紐約向漢堡駛來。」為此，他還興致勃勃地全文翻譯了光緒派大臣赴東西洋考察政治的上諭，並介紹了考察大臣的情況。在文章中，福郎克不無樂觀地說，大清考察團此次出洋，是為了學習日本和歐美各國的政治制度和經濟體系，這將有極大的可能把西方的憲法和制度移植到中國去。

從強迫外國使節叩頭到主動向外國學習，大清帝國經歷了一個尷尬而艱難的轉身。儘管最開始的時候，五大臣出師不利，未出國門先挨炸，但畢竟勇敢的邁出了第一步。話說回來，中國的事情，即便是好事，有時候仍確實不好辦哪。

六、出師不利：炸彈為何扔向憲政考察大臣

七、漂洋出海：
五大臣向各國取經

五大臣出洋的國書。1905 年五大臣的出洋考察，揭開了近代中國憲政改革的序幕。

在經過多種磨難之後，兩批憲政考察團終於出發了，而他們的首站都是日本，一個讓中國人心情複雜的鄰國。

遙想當年，日本也曾在 1861 年派出了福澤諭吉等人前往歐洲考察，他們當時搭乘的是英國的軍艦，途經香港、新加坡，繞過好望角前往歐洲，並在英國、法國和荷蘭等國進行

了較長時間的考察訪問。福澤諭吉等人回國後，對日本的啟蒙起到了很大的作用。1868 年日本明治維新後，為了廢除西方列強在日本的領事裁判權，他們派出了一個規模龐大的外交使團前往歐美各國，儘管西方列強拒絕了日本的要求，但日本使團卻利用這次機會，由外交團變成考察團，用了兩年的時間對西方的經濟政治和社會文化乃至產業技術等，進行了一個全方位的考察。考察團回國後，在日本全面向西方學習的重大決策方面起到了關鍵性的作用。

　　沙鷗點點，白浪滔天。首批憲政考察團的成員在「西伯利亞」號憑欄遠眺，不禁心潮澎湃，感慨萬千。在二十多年前，北洋艦隊的很多將領也曾經前往英倫等國負笈求學，可如今都已成了哀傷往事，他們中的一些人甚至在甲午戰爭中便已為國捐軀。如今，考察團的第一站，正是甲午戰爭的勝利者和向西方學習的成功榜樣——日本。看來，洋務運動單純的學習西方技藝，是不能挽救中國的。撫今追昔，考察團成員的心裏，何嘗不是感慨萬千！

　　由於分工不同，端戴團只是途經日本橫濱，並沒有做詳細考察，而是直接去了美國。十天之後（1906 年 1 月 16 日），載澤團來到日本神戶，正式開始了對日本的考察。

神戶位於日本第一大島本州的西南，歷來就是海陸交易的交通要衝和重要港口，當時就有很多的中國商人在此貿易。載澤團在考察完神戶之後，便由京都乘火車前往東京。在到達東京的當天，東京市長尾崎行雄和在日俄戰爭中大發神威的海軍大將東鄉平八郎等人都到火車站迎接載澤一行。

隨後，考察團又在日本方面的安排下，分別拜見了當時的總理大臣西園寺公望、外務大臣和陸軍大臣等人。在日期間，載澤團重點考察了日本的上下議院、郵政、教育和地方行政機構等。日本方對載澤團的來訪非常熱情，專門指派了著名的法學家穗積八束博士給考察團仔細講解了日本的君主立憲體系。

在日本考察期間，正好是中國的傳統佳節春節。在這年的大年初一，日本天皇特意派出御用馬車迎接載澤考察團入宮觀見和參觀。觀見天皇後，日本安排考察團對日本前首相伊藤博文進行了一次訪談。伊藤博文對此非常重視，他在會見之前便派人向載澤團贈送了自己的兩部著作——《皇室典範譯解》和《憲法譯解》，以幫助載澤考察團更好地理解日本憲政。在講解完後，伊藤博文又對載澤團提出的問題進行一一講解。載澤對此做了詳細的記載。

當時載澤問：「我們實行立憲，以何國最為適宜？」

伊藤博文說：「各國的憲政，無外乎兩種，一種為君主立憲國，一種為民主立憲國。貴國數千年為君主國，主權在君，和本國的歷史頗為類似，參用我國的制度頗為適宜。」

載澤又問：「立憲後，對君主制度有無阻礙？」

伊藤博文說：「對我國而言，並無阻礙。日本憲法規定，天皇神聖不可侵犯，天皇為國家之元首，總攬大權，並不旁落於臣民。」

載澤聽後似有不解，便又問：「那君主立憲和君主專制有何區別？」

伊藤博文答道：「最主要的區別，在於專制國的君主不經過法律，隨意下詔，而君主立憲國的法律必須經過議會討論通過後，由君主裁定公佈。法律一經公佈，任何人等均需遵循。這是關鍵問題所在」。

載澤聽後，似有所悟。

隨後，載澤團的成員又結合中國和日本的實際情況，與伊藤博文進行了深入的探討。伊藤博文試圖向載澤團表達的大概意思，主要有這麼兩點：一是實行憲政，君權仍舊是國之權威，並不旁落，而增設議院等機構不過是輔佐君主；二

是憲政的核心在法治，任何國民（包括天皇在內），都要受到已經公佈的法律之約束，法律一旦頒發，天皇也必須遵守，而不是像以往的專制君主可以口含天意，任意妄為。

回頭看來，日本當時的立憲，其實也只是法治下的開明君主制，而並非是美國、法國的民主制，它和英國的君主立憲制也有著本質的區別（英國的君主立憲制其實是民主制，英國女王是虛君）。日本當時之所以沒有完全照抄西方模式，恐怕也是和東方國家長期的君主專制歷史有關。不過就當時而言，這也不失為一種值得嘗試的過渡形式，至少日本通過實行明治維新和憲政實現了本國的強大。

在載澤團在日本考察期間，先行出發的端戴團先後抵達了夏威夷與舊金山。從日本到美國距離大約四千五百英里，一路上都是茫茫大海，風浪險惡，較上海到日本的海面已經是大不一樣了。很多考察團的成員都是第一次真正看到大洋，沒多久便被海上的大風大浪折騰得上吐下瀉，苦不堪言。

幸好當時的隨員溫秉忠有海上航行的經驗（溫秉忠是二十多年前留學美國的幼童），他不斷安慰大家不要過於緊張，並跟大家說說笑笑，以緩解海上的枯燥氣氛。幾天之後，海面再次恢復了平靜，而考察團也逐漸適應了海上的航行。碰

到晴朗的天氣，考察團的成員們還經常到船頭看日出，看隨船翱翔的海鷗，要是運氣好，還可以看到出來換氣的鯨魚和噴射出的高大水柱。浩浩大洋，波濤滾滾，果然不同於一般風景。不過，成員們有時候看著落日西沉，水天一色的時候，又不免有些思鄉之情。

端戴團乘坐的「達柯達」號遊輪可乘坐千人以上，加之橫渡太平洋的時間很長，百無聊賴之下，外國遊客們在船上舉辦了很多豐富多彩的活動。每到晚上，船上都要舉行舞會，西洋男女們在音樂的伴奏下，成雙結對的翩翩起舞，以打發時光。上船沒幾天，正好是西曆的新年元旦，船上各國男女紛紛互致問候，慶祝新年。船長奧尼亞也向考察團贈送飲料和酒水，並為他們特意烤製了一個糕餅，以招待這群特殊的客人。

考察團到達舊金山的時候，美國總統派遣特使精琦前來迎接。精琦是耶魯大學的教授，也是考察團參贊施肇基（後任駐美國大使）的老師，他本人也曾在兩年前應清廷的邀請，到中國考察幣制改革。因為這層關係，美國總統便讓他來負責考察團在美國的整個行程安排。

當時的舊金山，儼然已是一個現代化的大城市，一棟棟

摩天大樓拔地而起，直入雲霄，街道上也是車水馬龍，人流如織，好一派繁榮景象。當時考察團入住的酒店有十二層，電梯上下，讓考察團成員倍感新奇和興奮。可惜的是，舊金山在後一年（1906 年）發生大地震，當時的大部分建築都毀於一旦，所幸當時考察團已經前往歐洲。當他們得知地震消息後，也向當地政府發去慰問電報，清廷並為災區撥了一定數量的專款（後被美國政府婉拒）。

不過，舊金山和紐約比起來，又差了不少。考察團來到紐約後，當時下榻的賓館有二十八層之高，是當時世界上最高的建築。從賓館的高樓上俯覽紐約街景，考察團的成員們果然是大開眼界。當時的紐約，是一個冒險和夢想的樂園，是美國蓬勃發展的一個縮影。在這個人口眾多、日新月異的大都市，有許多考察團聞所未聞的新鮮事物，比如電車、紅綠燈、百貨公司、報亭，都讓他們嘖嘖稱讚，他們後來甚至還參觀了紐約證券交易所。

在日本天皇接見載澤團的那一天（1906 年 1 月 24 日，即中國的除夕），美國總統羅斯福接見了端戴考察團。一個半月後，載澤團來到美國，也得到羅斯福總統的接見。令考察團覺得不可思議的是，在他們參觀美國國父華盛頓的紀念館和

故居時，發現裏面居然「設施簡陋，無異平民」。戴鴻慈在後來的日記中寫道：「蓋創造英雄，自以身為公僕，俾宮惡服不自暇逸，以有白宮之遺型，歷代總統咸則之。誠哉，不以天下奉一人。」

也許在這時，考察團成員才明白了皇帝和總統的區別——「惟以一身事天下，不以天下奉一人！」

端戴團在美國一個多月，先後訪問了十幾個城市包括芝加哥、費城、波士頓和西雅圖等。在這有限的時間裏，他們參觀訪問了美國很多知名的大學、工廠、圖書館和博物館等，並且都得到了美國方面的熱情接待。考察團前往芝加哥考察時，芝加哥市政府甚至特意派出一百多人前來迎接。就連羅斯福總統，他在接見完考察團後，還在百忙之中特意給光緒皇帝寫了一封信說：「我非常樂意接待這些先生們，我將精心安排他們去考察我國的一些地方和部門，以便讓他們順利完成考察任務。我將為您的考察團提供一個方便而有效的計畫。」

在結束美國之旅後，端戴團於 1906 年 2 月 23 日抵達歐洲。按照原先的歐洲考察計畫，德國、俄國、奧匈帝國和義大利是重點考察國，英國、法國和比利時等國是順路考察，

而北歐國家丹麥、瑞典、挪威和瑞士及荷蘭本無考察計畫，後來這幾個國家聽說考察團來，紛紛堅持邀請考察團前往訪問。

考察團在歐洲期間的趣事不少。當時的歐洲民眾極少有機會看到東方人，他們聽說考察團來，紛紛爭相歡迎，以至於萬人空巷，人山人海，考察團幾乎難以通行。有一次在德國，街上數以千計的人圍觀考察團，無奈之下，考察團的成員們只好避進一街邊店鋪，從後門脫身。不料那些洋人見中國人從後門出來，又紛紛聚攏，爭相一睹中國人的模樣，後來幾成圍追堵截之勢。沒辦法，考察團最後在員警的幫助下，才得以順利的脫身。

載澤考察團在英國期間，還一度被英國政府所誤會。原來，英國人因為經常和清廷打交道，他們以為考察團不過敷衍了事，所以多次派人詢問考察內容，以便於英國方面安排行程。為此，考察團特意擬定了在英國的詳細計畫，對英國進行多方考察，比如英國的上下議院、大英博物館等。

載澤團在考察英國憲政的時候，由法學家埃喜為他們講解英國憲法。埃喜先向考察團介紹了英國的政治體制，特別是君主許可權和三權鼎立之制。埃喜指出，君主是一國至

尊，議會通過的法律，形式上都需要君主批准頒佈，近兩百多年來，君主從未批駁過議會通過之法案，這在英國已經形成了憲法慣例，並有法律的約束力。另外，英國的國家行政權由內閣掌控，君主不得干預。至於法院之權力，自有法院之體例，獨立運行。

載澤後來總結說，英國實行的其實是虛君之制，與本國有不通之處（當時英國的君主立憲和日本的君主立憲有本質的區別）。在英國期間，載澤還特意向英國議院提起禁止鴉片一事，要求英國通過禁止向中國輸送鴉片的法案。除此之外，英國還安排考察團參觀了兩所著名的大學：劍橋大學和牛津大學。兩所大學還特別為載澤授予法學博士學位。

當時的法國則和英國有很大的區別，它是一個完全的民主共和國。法國是典型的大陸國家，它的歷史倒和中國有幾分相似之處。在巴黎期間，法國總統攜夫人及女兒還特意陪同考察團登上著名的艾菲爾鐵塔，俯覽巴黎這個魅力之都。

臨近法國的比利時，當時也是君主立憲國。當他們聽說中國考察團來歐洲後，十分重視，給予了高規格的禮遇進行接待。為此，比利時國王還特地派出專輪前往迎接，考察團到達比利時港口後還鳴以二十一響禮炮。當時比利時國王已

經是七十高齡，仍舊盛情接待了考察團一行，甚至還親自到使館回訪過一次。後來載澤頗受感動地說：「人之重我者，或非無因，在我要當亟圖自重之策；人之輕我者，何莫非忠告，我當益自警覺憤發，勿啟自侮之端。」當然，比利時國王之所以如此熱情，恐怕也是想多拿幾個中國鐵路建設專案（如之前的盧漢鐵路），政府為本國商業開道嘛！

在歐洲考察的時候，兩路考察團分開行動，各有側重。載澤團偏重憲政和政府職能，相對比較詳細，所考察的國家也多有專家講解。而端戴團則偏重教育、工業、文化等，考察的國家比較多，日程安排緊湊，大多是表面上的考察。

最令考察團感到驚訝的是，在各國的國宴上，不但有各國元首和各級官員，連企業主和商人等也可以共同出席。在宴會後，這些企業主和商人，甚至和本國高官乃至於元首，皆不分尊卑隨意交談，站在一起談論時事。這種事情，在大清簡直是不可想像的。還有，考察團在遊覽奧地利皇宮時，發現裏面「列樹遮罩，蔚然深綠，景色絕佳」。但令他們跌破眼鏡的是，園中「工人士女來游者甚眾」，滿是普通國民——皇家花園竟然是對外開放的！

考察團對歐洲大部分國家的考察都還比較順利，唯有俄

國比較棘手。俄國和大清領土相接，幅員遼闊，本也是歷史悠久的君主專制之國。這幾年由於戰爭的緣故（剛被日本擊敗），政局很不穩定，頗有革命之象。正因為如此，俄國才先行一步，實行憲政。由此，考察團也想去俄國探個究竟，看其成效如何。不過，令人遺憾的是，俄國當時雖然已經宣佈實行憲政，但似乎並沒有取得預想中的效果。

德國的考察頗為尷尬。眾所周知，德國公使克林德曾於庚子年在北京被打死，引發一場軒然大波。時隔近六年之後，考察團來到德國，心裏也頗為的忐忑，害怕德國人會記仇而對他們有意為難。但和他們想像中不同的是，由於德國一些大企業在中國有頗多的投資與合作，考察團不但未受冷落，反受到社會各方極為熱情的接待。當時德國皇帝、皇太子和高官們都親自宴請了考察團，並安排他們到各地考察，特別是一些知名企業如克虜伯公司、西門子公司和拜爾公司等，意在擴大這些大企業在中國的業務。

在歐美各國兜了一圈後，載澤團於 1906 年 5 月 19 日乘坐法國輪船先行打道回府。6 月 21 日，端戴團也隨後踏上回程。經過近兩個月的海上顛簸後，1906 年 7 月 12 日，載澤團回到上海；7 月 21 日，端戴團也回到了上海。

載澤回國後，很快趕到北京覆命。在慈禧太后和光緒皇帝接見時，載澤力陳各國之所以富強，主要是因為各國均以憲法為國本，而中國搞了這麼多年的洋務運動，卻沒有成效，原因就在於不得要領。由此，載澤提出清廷立憲最好以日本模式為效仿物件。

當年 8 月，考察團又向朝廷上了一道密摺，其中明確指出立憲有三個好處：一是君主神聖不可侵犯，君位萬世不易，相位旦夕可遷，君主不負行政責任；二是外患漸輕，立憲是國際潮流，立憲後外國將尊重我國；三是內亂可平息，實行立憲後，革命黨人也無話可說，即使想作亂也無人跟從。

據說，慈禧見此摺後大為動容，足足看了有三個時辰。

實事求是的說，此次五大臣出洋名為憲政考察，實際上則是政治法律、經濟產業、教育文化、軍事科技、社會福利、公共設施乃至禮教習俗等等，幾乎無所不包。但由於時間有限，加上要考察的國家和內容如此之多，難免會產生一種蜻蜓點水、走馬看花的感覺。

儘管有各種困難，但考察大臣們還是大有收穫的，譬如戴鴻慈和端方署名編著的《列國政要》，還有戴鴻慈留下的《出使九國日記》、載澤的《考察政治日記》等等。這些早

已束之高閣、滿是灰塵的考察日記，在經過一百年的喧囂之後，仍舊具有相當的先進性。

考察團這次考察的首要目標是憲政，每到一國，必然要去議院參觀並考察其議會制度。由此，考察團對對各國憲政記載最詳，也引發了頗多值得借鑑的思考。比如當戴鴻慈等人看到美國的議員們在國會中為議案而爭得面紅耳赤，「恒以正事抗論，裂眥抵掌，相持未下，及議畢出門，則執手歡然，無纖芥之嫌。蓋由其於公私之界限甚明，故不此患也」。這種公私分明（公事和私人友誼）的議事方式，讓考察團的成員們十分驚奇，也大為嘆服。

考察團在英國時發現，「議員分為政府黨與非政府黨兩派。政府黨與政府同意，非政府黨則每事指駁，務使折中至當，而彼此不得爭執。誠所謂爭公理、不爭意氣者，亦法之可貴者也」。這裏說的政府黨，其實就是執政黨；而非政府黨，指的是在野黨（反對黨）。這種良性的政治互動關係看似吵鬧，其實更加穩定。

在義大利考察時，考察團甚至發現議會有權決定國王所任命大臣的去留，「義國任命大臣之權，操諸國王之手。而大臣之不職者，得由下議院控訴之，而由上議院以裁判之。歐

洲諸國，政制相維，其法至善，胥此道也」。這種議會和君主的關係，對於長期生活在專制社會下的中國官員來說，無疑是個極大的震撼。

考察團在歐美各國不僅參觀了議院和政府機關，也參觀了大量的圖書館、博物館和美術館，也去戲院看過表演，並遊覽過一些公園和動物園。這些公共文化設施，是文明國家的標誌，卻大都是中國所沒有的，這難免讓考察團意識到，中國「數千年文明舊域，迄今乃不若人」。據《大公報》載，考察團從國外還買回了一批動物，包括一頭大象、二頭獅子、三隻老虎、二匹斑馬、二頭花豹、二頭野牛、四隻熊、一隻羚羊、四隻袋鼠、四隻鴕鳥、六隻仙鶴、八隻鹿、十四隻天鵝、三十八隻猴等，林林總總，裝了五十九個籠子。

不僅如此，考察團回國後，立即上奏朝廷說：「各國導民善法，擬請次第舉辦，曰圖書館，曰博物館，曰萬牲園，曰公園。」隨後，清廷責成學部承辦，命各省興辦圖書館、博物館、公園、動物園等。從外國帶回的那些動物，後來也被安放在北京新建的萬牲園中，算是中國最早的動物園。隨後，各省也積極籌建圖書館、公園等公共設施，而這些社會文化事業的進步，和五大臣出洋考察是不無關係的。

　　五大臣出洋考察是清朝末年難得的一個亮點，曾經給沉淪中的國人帶來了無限的希望和遐想。這次出洋考察，清廷事實上是承認了西方文明在政治制度上的優越性。1906 年 9 月 1 日，清廷正式宣佈預備立憲，終於邁出了清廷乃至中國歷史轉型的第一步。應該說，這在當時清王朝的統治岌岌可危之時，是清廷改善自身形象，融入先進文明的一個重要舉措，一旦轉型成功，對於這個古老國家和民族的長遠發展，將帶來不可估量的作用。

　　可歎的是，清末各種矛盾的糾葛和皇族親貴的倒行逆施，使得清廷這十年來新政和立憲的一切努力，最終付諸東流。這所有的一切，伴著憲政考察這曾經有的夢想，漸行漸遠，漸成輓歌。

八、明爭暗鬥：
責任內閣背後的較量

軍機處值班房。別小看了這小小院落，這可是大清帝國政治運
作的核心區域。

　　日本在實施憲法前，曾經對官制進行了兩次大改革，而
清廷實行預備立憲是刻意學習日本，因此在 1906 年 9 月 1
日發佈「仿行立憲」詔旨後，便開始著手改革官制。次日，

清廷任命奕劻、孫家鼐和瞿鴻禨為總司核定大臣，榮慶、鐵良、袁世凱等人和出洋考察五大臣也被任命為官制編纂大臣。另外，一些地方大員如張之洞、岑春煊等人也隨同參議。

端方和戴鴻慈出洋考察回來，在《請改定全國官制以為立憲預備摺》中提出了八條改革官制的建議，後來官制改革的討論也主要是以其為藍本。端戴奏摺中的第一條也是最重要的一條，便是提出撤銷軍機處，設立責任內閣。他們的主張是，由總理大臣、左右副大臣以及各部尚書組成內閣，閣議決定政事之後奏請皇帝頒佈諭旨。而上諭頒佈時也需要總理大臣、左右副大臣和相關部尚書的副署。這個方案的來源，就是德國和日本實行的內閣制（二元立憲君主制的一個特徵）。

應該說，端戴提出的這個方案在當時是驚世駭俗的。眾所周知的是，中國傳統王朝的皇帝是天子，是上天的代表，神聖而不可侵犯；從理論上來說，皇帝的權力是不受限制的，他說的話具有最終的決定權，永遠是正確而不可違抗的。但問題是，國家這麼大，事情那麼多，皇帝畢竟也是肉身，他不可能事事躬身親為，要不然還不累死。因此，他需要助手，這就是宰輔。但在專制社會裏，最終的決定權是不

可分割的，一旦皇帝精力不濟或者怠於朝政，往往會被大臣弄權，而作為皇帝主要助手的宰相更是近水樓臺先得月，因而宰輔重臣擅權甚至顛覆王權取而代之的案例在中國古代也不少見，特別是漢唐時期。

有鑒於此，明朝太祖朱元璋便廢除了宰相制度，而用內閣取而代之，目的就是要分散相權，這樣皇帝就可以避免權力被侵奪。但是，正如前面所說，皇帝也是人，他也有勤快的和懶惰的，他找了內閣的大學士們來幫他做事情，但終究是要有個負責的，這便是常說的內閣首輔，等於又變相恢復了相權，對皇帝又形成了限制。於是明朝中後期的皇帝就乾脆撇開內閣，找太監幫他們做事情，但這些太監多是無才好動之輩，導致綱紀紊亂也就可想而知了。

清朝取代明朝後，基本是繼承了明朝包括內閣的基本制度。但是到雍正皇帝的時候，因為要打仗，因而他又在南書房外的小屋子裏設立了軍機處，以便他處理一些緊急的軍國大事。最初雍正是為了防止軍事機密外泄，所以很多事不經內閣便直接由南書房軍機處發出。戰事結束後，雍正似乎沒有要撤銷軍機處的意思，朝廷的重要政令都在軍機處而不再是內閣。於是清朝的制度在明制的基礎上，增加了一個軍

機處。

軍機處的設立，實際上是皇權的進一步專制化、獨裁化。從理論上來說，軍機處不能算政府機構，因為它沒有正式編制，不過是從內閣大臣裏挑選幾個能幹的，來軍機處幫皇帝辦事。而且，軍機大臣並不是政府的正式行政首長，而是皇帝臨時調用的。這就有點像明朝的中後期了，皇帝不出宮辦事，只在裏面找幾個信任的人來商量。不過，清朝的皇帝比較懂歷史，他們知道太監當權不但壞事，而且會招至亡國之禍，因而不找太監，只從外面調大臣。不過，軍機處大臣不過是皇帝的御用秘書，正如錢穆在《中國歷代政治得失》裏說的，「太監也罷，軍機大臣也罷，反正都只算是皇帝的私人秘書，算不得朝廷的大臣」。

如此一來，皇帝那可就要忙死了，什麼事情他都想管，什麼事情他都要管。本來按中國傳統的政治慣例，皇帝的詔書都是由內閣擬好，皇帝看過後蓋印，再由內閣交到六部，但雍正不理會這套程序，他通過軍機處不斷地發出各種密旨，往往繞過主管的部門，直接發到主管的人那裏。這樣一來，內閣大學士反成了閑差，皇帝成了大忙人——結果雍正每天要工作到深夜，他再精力充沛，最後還是給累死了（筆

者曾經在《向康熙學習》中提出雍正可能是「過勞死」的觀點，可供參考）。雍正死了不打緊，結果他的那幫子孫可就倒了大楣了，所以清朝的皇帝大都勤政而獨裁——也是制度給逼的。

正因為軍機處是皇帝親管，所以它的地位在清朝政治中非同小可，當時的內閣大學士如果不掛個軍機的話，說話一點分量都沒有（所謂「參謀不帶長，放屁都不響」）。但是，皇帝親管軍機處會帶來一個極大的弊端，這就是皇帝做錯了事情不用負責。有宰相的時候，宰相做錯了要負責；有內閣的時候，首輔做錯了也要負責。正因為有下臺甚至殺頭的風險，辦事的人才會有責任心。但是，宰相廢了，皇帝兼任了宰相的職責，設立了軍機處又把內閣架空了，這導致皇帝對所有的事情負責，但皇帝做錯了，他又是可以不負責的——誰膽敢去指責皇上甚至取而代之呢？所以說，唐宋諸代的詔敕要由宰相蓋章，是有道理的，因為這是制度的力量。

絮叨了這麼多，無非是想說明端方和戴鴻慈提出的責任內閣制很厲害，因為他要在制度上限制皇權。不僅如此，實行責任內閣制還要牽涉到各方政治勢力的切身利益，等於是一次權力的再分配，而權力的分配終歸是有利於規制的制定

者，因此不能不遭到那些潛在利益受到侵害的政治力量的反對。改革中出現阻力，從來都是這個原因，而不是其他冠冕堂皇的理由。

和端戴方案中的責任內閣制緊密聯繫的另一個變革便是朝廷改設九部。雖然前兩年的新政在傳統的六部之外設立了外務部、商部、巡警部、學部和政務處、練兵處和財政處等中央直屬機構，而且新機構設立首長時實行滿漢不分、一尚書二侍郎的官制，但看來終歸是有點不倫不類。這次端戴方案提出在原來機構的基礎上加以裁撤歸併，改設九部，即內務部、財政部、外務部、軍部、法部、學務部、商部、交通部和殖務部，並在九部之外設立若干獨立的機構如會計檢察院、行政裁判院、集議院、宮內部、樞密院、典禮院、翰林院和都裁判廳。

乖乖，這個變動大了，不知道多少原首長會因此而覺得寢食難安，要知道，很多人的職位可是花錢買的，你一紙方案，就要撬掉人家的飯碗？

這次風暴的中心便是設立在原恭王府朗潤園的編制館。初步方案的編制負責人是提調孫寶琦和楊士琦，外加曹汝霖、陸宗輿、錢能訓等委員，他們在端戴方案的基礎上，酌

定了一個這樣的辦法，那就是實行責任內閣制，以內閣為首，設總理大臣一人，左右副大臣二人，各部尚書均為內閣成員，參加政事；設立十一部七院一府，即外務部、民政部、財政部、陸軍部、海軍部、法部、學部、農工商部、交通部、理藩部和吏部，外加資政院、典禮院、大理院、督察院、集賢院、審計院、行政裁判院和軍諮府。

這個初案的推出，和袁世凱有很大的關係。因為當時的兩個提調官孫寶琦和楊士琦，前一個是最先倡議立憲之人，後一個則是袁世凱的私黨，是袁世凱一手提拔起來的自己人。而袁世凱本人此時對官制改革也非常的熱心。但不意外的，方案一經公佈，立即在官制編纂會議上遭到鐵良等大臣的強烈抵制。

這次官制編纂會議在朗潤園舉行，同樣由醇親王載灃和慶親王奕劻主持。在這次會議上，袁世凱顯得異常的活躍，他堅持以責任內閣取代軍機處，設立總理，「則君主端拱于上，可不勞而治」。

袁世凱的意見遭到鐵良等人的堅決反對，這些人甚至「不辨是非，出口謾罵」，毫無官長的風度了。畢竟，這一次的方案實實在在的觸及了一些人的切身利益，他們當然不會

做任何的退讓。更重要的是，這次載灃明確的站在了鐵良等人的一邊，這讓他們感到信心十足。

據說，載灃在會議上也被袁世凱的提議所激怒，平時不太吭聲的他甚至當著大臣們的面，有失體面的怒斥袁世凱，「你的意思是讓軍機大臣捲舖蓋回家嘍？你還不如直接說讓皇上靠邊站呢！這種無君無祖的話，也只有你袁世凱才能說得出來！」袁世凱在情急之下，竟然也公然頂撞說，「這是世界上所有立憲國制度的通例，非本人之意」。更誇張的是，據傳當時載灃一怒之下竟然掏出手槍要擊斃袁世凱云云。

掏手槍之事查無實證，但據袁世凱手下一個參加編纂工作的張姓幕僚當時回憶說：「自都察院以至各部，或上奏或駁議，指斥倡議立憲之人，甚至謂編纂各員謀為不軌。同事某君自京來滬（海澨），告余曰：『外間洶洶，恐釀大政變，至有身齎川資，預備屆時出險者，其嚴重可知。』」由此看來，上次的廷臣會議和這次的朗潤園官制編纂會議可真是把北京城攪得雞犬不寧。

有人說，袁身任直督，手握北洋軍，位高權重，唯恐慈禧死後光緒與他重修舊怨，因此極力主張成立責任內閣。因為按照當時情況，總理大臣一職很可能由奕劻擔任。奕與袁

早就沆瀣一氣，袁不僅可以因此保全，而且可以得到更大的權勢。

在鐵良等親貴的眼中，編纂官制館的提調孫寶琦、楊士琦，為袁一手提拔起來的私黨。他們提出取消軍機處，設立責任內閣，等同是奕劻和袁世凱在搞什麼預備立憲和責任內閣，不過是想獲取內閣總理的重要職位，並借立憲來為自己挽回點賄名遠揚的官場名譽；而袁世凱主張責任內閣更是抱有私心，因為在責任內閣制度下，皇權要受制於內閣，萬一慈禧太后去世而光緒有了出頭之日，屆時也不能把出賣皇帝和維新派的袁世凱怎麼樣，實際上是為自己留有後路；而在瞿鴻禨等軍機大臣的眼中，奕劻和袁世凱等人廢除軍機處的目的不過是以此來排斥異己的卑鄙之舉。

朗潤園會議結束後，反對派立刻指使御史們行動起來，他們交章彈劾奕劻、袁世凱等人心懷不軌，如胡思敬就罵立憲是「竊外國之皮毛，紛更制度，惑亂天下人心」，而趙炳麟則更是提醒慈禧太后說，「我皇太后、皇上仁孝為懷，不忍以聖祖高宗經營完善之天下，一旦亂于十數乳臭小兒之手」，呈請慈禧太后否定責任內閣制的提議。

儘管如此，奕劻等人還是堅持了初步方案，只作了一些

無關緊要的修改，如將財政部改為度支部，交通部改為郵傳部，將典禮院恢復為禮部，刪除了督察院，但將核心的責任內閣制加以保留。11月2日，奕劻將核定的方案上報，具體方案是：實行責任內閣制，設立內閣總理大臣一人，左右副大臣二人，以各部長官為內閣政務大臣；中央設十一部，即外務部、吏部、民政部、度支部、禮部、學部、法部、農工商部、郵傳部、陸軍部和理藩部，外加五院一府，即集賢院、資政院、大理院、審計院、行政裁判院和軍諮府。

為了讓慈禧太后更好地理解這份方案，奕劻還特意附上一份說明：根據立憲國的通例，中央政府即以各部行政長官會合而成。分之則為各部，合之則為內閣；出則各部長官，入則內閣政務大臣。此現擬內閣官制之由來也。內閣既總集群卿協商要政，而萬幾所出一秉聖裁，不可無承宣之人為之樞紐，故設總理大臣一人以資表率。如果擔心內閣總理大臣權力太大，則有集賢院以備諮詢，有資政院以持公論，有督察院以任彈劾，有審計院以查濫費，有行政裁判院以待控訴。凡此五院，直隸朝廷，不為內閣所節制，而轉足以監內閣，皆所以鞏固大權，預防流弊。

上奏的當天，袁世凱還興沖沖地跑去請訓，「以備召

詢」，但他等上了半天也沒有任何反應，只得怏怏地離開北京，回到天津督署。與袁世凱的消極等待不同的是，反對派的行動更為的積極，也更為的隱秘。御史趙炳麟開始就懷疑袁世凱的動機是為了給自己預留後步，而方案確定上報後，他立刻指責奕劻等人的方案是「將君主大權潛移內閣，暗移神器」，實行新的官制必然「大臣陵君，郡縣專橫」，其結果是「大臣專制」取代「君主專制」。

而軍機大臣瞿鴻禨則更為的狡詭，他在討論時不動聲色，卻暗中去見慈禧太后並乘機放了一把野火，說「根據這個官制，老佛爺從此就不必為軍國大事而過度操心了。」他見慈禧太后不太明白，便解釋說，內閣制與軍機處的性質不同，軍機處所討論的問題，事前必須請旨定奪，內閣則由會議決定後上奏。在趙炳麟和瞿鴻禨的慫恿下，慈禧聽後若有所悟，這大概就是袁世凱當天去請訓而未被理睬的原因了。

經過深思熟慮後，清廷於 1906 年 11 月 6 日正式發佈新官制上諭。新的官制沒有採用責任內閣制，而是繼續保留了舊的內閣和軍機處，各部院的設置則基本採用了奕劻提出的方案。各部院設置和長官如下：外務部，總理大臣為奕劻，會辦大臣那桐，瞿鴻禨為會辦大臣兼尚書；吏部，尚書鹿傳

霖;民政部,尚書徐世昌;度支部,尚書溥頲;禮部,尚書溥良;學部,尚書榮慶;陸軍部,尚書鐵良;法部,尚書戴鴻慈;農工商部,尚書戴振;郵傳部,尚書張百熙;理藩部,尚書壽耆;都察院,督御史陸寶忠;大理院,正卿沈家本。

這一次,慈禧再一次支持了守舊派,奕劻和袁世凱的如意算盤都落空了,特別是袁世凱,他最希望的陸軍部居然落到了對手的囊中,心裏別提多難受了。

從各部長官的人選上來看,雖然清廷標榜不分滿漢,但在十三個部院的長官中,滿人七名,漢人七名,蒙古族一名,在人數上看似平分秋色,但仔細看的話就會發現,滿人佔據的大都是重要部門。由此也可以看出,滿族親貴專制化的趨向不但沒有扭轉,反有愈演愈烈之勢,這開了一個極為惡劣的先例,而後來慈禧太后死後,攝政王載灃後來組織的「皇族內閣」更是把這種情況推到極致,這是後話。

對於這次官制改革,當時的《東方雜誌》引用一個日本人的評論說:「此次中國改革官制,其表面上不分滿漢,與各部長官不兼任他職外,無改良之可觀。要之歸於改革派之失敗,守舊派之勝利,可謂之龍頭蛇尾之改革也。」

在庚子年後，滿清貴族中的一批守舊仇洋派遭遇重創，但在清末的最後幾年中，又一批親貴重新崛起，他們在失去權力的恐慌中加劇反動，其私心的危害不僅葬送了清末新政和立憲，也終將葬送了自己的身家命運。

　　歷史從來就不是完美的。若非局中人，豈知局中意？

九、丁未政潮：
好人未必好官

中國政治變幻不定，但永遠不變的是派系的鬥爭。在清末新政中，官制改革的硝煙雖然散去，但奕劻、袁世凱與瞿鴻禨等人矛盾已經完全明朗化，雙方已是勢不兩立，都想除對方而後快。

客觀的說，瞿鴻禨並非是什麼卑鄙小人。他出身於耕讀世家，多年的傳統道德文化教育，培育了他憂國恤民的清廉品格和「為天地立身、為生民請命」的士人風骨。瞿鴻禨曾經為官多年，後來回籍守喪數年後，居然沒有

亂世之奸雄，袁世凱可謂是名副其實。

盤纏還朝復官,最後只能將自家的老宅出賣換取路費。這在「三年清知府,十萬雪花銀」的晚清,無疑是可與包拯相媲美的清官榜樣和道德楷模。和人來人往、紅包不斷的慶王府相比,瞿鴻禨雖然門生故舊滿天下,但其家門卻「屏絕警衛,門無雜賓,蕭然斗室,一如書生」,他身為僅次於奕劻的軍機重臣,位極人品,也只有「一輿二僕」,為世人所尊敬。

袁世凱是個頭腦靈活的人,他深知在朝廷辦事沒有紅包的潤滑是萬萬不行的,於是他在賄買了首席軍機奕劻之後,也試圖用同樣手段拉攏瞿鴻禨。開始的時候,袁世凱派人給瞿鴻禨送上「當修門生之敬」的禮節性紅包,被拒後又送去「請為昆弟交」的結交性禮金,但再次被拒。兩次被拒後,袁世凱有些個不明白了,這瞿鴻禨腦子是不是有病啊,他又不富裕,何以對官員間常見的金錢來往如此冷漠呢?後來瞿鴻禨的次子成婚,袁世凱特意讓人以「北洋公所」的名義送上一份八百兩銀子的厚禮,居然第三次被瞿鴻禨很禮貌的回絕了。袁世凱混跡官場多年,還是第一次碰到這種「不識時務」的人。他覺得這人要不是腦子有病,要不就是對金錢已經完全免疫。既然瞿鴻禨是一個不可拉攏的人,在奕劻和袁世凱的官場邏輯中,這就是一塊必須搬走的又硬又臭的大石頭。

瞿鴻禨和奕劻、袁世凱等人顯然不是同道中人。當時，奕劻是首席軍機大臣，袁世凱是直隸總督兼北洋大臣，又掌管北洋新軍，兩人勾結在一起當然是權傾朝野。再來看看清高的瞿鴻禨這邊，就顯得有點勢單力薄了。瞿鴻禨雖然科舉仕途都很順利，但真正得到慈禧太后寵信的則是在庚子之難後，他在西安為慈禧代擬詔旨，由此成為軍機重臣的。這時，他想起了一個人，那就是同樣在庚子之難中護駕有功的岑春煊。

　　岑春煊和瞿鴻禨的經歷不同，他出身高幹家庭，其父岑毓英曾任雲貴總督。岑春煊年少的時候放蕩不羈，曾與瑞澄、勞子喬並稱為「京城三少」。岑春煊中舉人後出仕做官，後來在甘肅按察使任上，恰逢八國聯軍侵入北京而慈禧與光緒出逃的時候，岑春煊首先率部勤王，由此獲得慈禧的好感並重用，並歷任四川總督、兩廣總督。在官制改革的時候，岑春煊在兩廣總督任上。

　　岑春煊出身豪門，氣度當然不凡。但和其他貴公子不一樣的是，岑春煊為人有膽有識，做事很有魄力，當時地方總督裏即有「北袁南岑」之稱。和瞿鴻禨一樣，岑春煊對錢財這些身外之物毫無貪戀之心。他在兩廣總督的任上，廣州的

九、丁未政潮：好人未必好官

127

米商們給新任總督送上例行的「公禮」——在稟貼中夾帶了一張四十萬的銀票。岑春煊收到後，嚴加拒絕。米商們非常驚恐，以為岑春煊將要對他們不利。但令他們想不到的是，沒有收禮的岑較那些盡情收受錢財的官員們更加的愛護商民，以至於岑春煊離任時，那些商民都含淚相送，連稱「知不收禮而肯為民任事者尚有人也」。

但是，岑春煊對手下那些官吏就不一樣了。他在任期間，不懼權貴，嚴肅吏制，曾一舉彈劾四十餘名官員，尤其是逼令荷蘭引渡裴景福和查辦廣州海關書辦及駐比利時公使周榮曜兩案尤其引人注目。由此，當時人送岑春煊綽號「官屠」，與「士屠」張之洞、「人屠」袁世凱並稱「清末三屠」。毫無疑問，岑春煊在彈劾並處罰了一大批買官而來的官員後，也因此開罪了這些官員的後臺——「慶記」權錢交易所的老闆慶親王奕劻，自然也就被奕劻等人視為異己了。

正因為類似的經歷和志趣，瞿鴻禨在與奕劻等人進行黨爭的時候，立刻想到了要引岑春煊以作奧援。本來，岑春煊當時調任雲貴總督，而且「毋須來京請訓」（據說是奕劻做的手腳），他開始在上海稱病不行，隨後在瞿鴻禨的秘密操作下，岑春煊假裝從上海出發，前往漢口。走到半路，岑春煊

突然來了個大轉折，乘火車「迎摺北上，堅請入對」。這個舉動，裏面的玄機大了。

岑春煊顯然是不願意去雲貴那種窮地方做什麼總督的，因為這將使他遠離權力中心（這正是奕劻的用心所在）。對於岑春煊的遭遇和想法，瞿鴻禨當然是心知肚明，在他的策劃和幫助下，岑春煊決意要見慈禧太后一面，以求事情能有轉機。

岑春煊的突然到來，使得當時本就緊張的樞庭氣氛更加地具有爆炸性，大家都在揣測對方的下一步棋將會如何發展。不出所料，在瞿鴻禨的幫助下，慈禧太后很快召見了岑春煊。老太后和岑春煊相見，談起當年蒙難之時，未免唏噓了一陣。慈禧太后想起當年岑春煊親自跨刀立於在破廟門口整夜看護自己的往事，也頗為地動情。她指著光緒說：「我常和皇帝講，庚子年要是沒有你岑春煊，我們母子哪來的今日啊？」於是岑春煊乘機向太后表明自己的「不勝犬馬戀主之情」，請求開去雲貴總督之任而留在都中效力的意思。慈禧太后聽後，當即就表示：「你的事情我知道了，我總不會虧負於你！」

很快，岑春煊從雲貴總督任上開缺而獲任郵傳部尚書，

這也標誌著瞿岑聯盟的建立。岑春煊還沒有上任，就來了個大動作，把矛頭直指其第一下屬，郵傳部侍郎朱寶奎。朱寶奎是奕劻的私黨，平時聲名狼藉，靠用錢打點關係才獲得這個副部級的位子，沒想屁股還沒坐穩，從未見面的上司便要將他罷官。在慈禧太后接見的時候，岑春煊向太后力言朱寶奎的惡行劣跡，「不能與此輩共事」，並說若不將此人革職就不到部裏去就職。慈禧太后勸慰無效，只好賣一個面子給他，將朱寶奎革職。一個未到任的長官將自己的副職革職，這種事情在中國官場歷史上實屬罕見。

　　首戰告捷，瞿鴻禨等人便再度發起攻勢。在朱寶奎去職不到三天，御史趙啟霖便上奏彈劾奕劻父子受賄賣官的劣行，要求將他們查辦。趙御史揭發的這個事情，其實在前不久的一家報紙就已經披露了。其實把這兩個事情湊到一起看，就很容易看出其中的來龍去脈——趙啟霖是瞿鴻禨的同鄉，而那家名叫《京報》的主筆汪康年則是瞿鴻禨的門生。很明顯，瞿岑聯盟又出招了。

　　蒼蠅不叮無縫的蛋。那趙御史和汪康年揭發的是什麼事情呢？這事說來話長。在1907年4月，朝廷任命了東三省的督撫，其中徐世昌為總督，唐紹儀、朱家寶和段芝貴分別為

巡撫，這等於是奕劻、袁世凱集團把東三省劃到了自己的勢力範圍之下。對此，瞿鴻禨當然不服。

其他人都沒什麼大問題，主要是段芝貴的把柄被人抓了。原來，這個段芝貴乃北洋武備學堂出身，此人善於逢迎，因而在袁世凱編練北洋新軍的時候頗受重視，據說還曾拜袁世凱為義父，顯然是袁世凱之私黨。有一次奕劻的公子，也就是後來農工商部的尚書載振前來天津，袁世凱命段芝貴好生接待。段芝貴心領神會，他在設宴給載振接風的時候，將當時的名伶楊翠喜請來助興。這翠喜姑娘色藝俱佳，載振看得是目瞪口呆，神魂顛倒。段芝貴也不是傻子，事後便一擲千金的將翠喜買下，並給了她一筆價值不菲的妝奩費，把她打扮得漂漂亮亮送給載振。載振這下高興得是合不攏嘴，於是回去後便在老爸奕劻面前大力誇獎段芝貴，這樣段芝貴便連升三級，由候補道搖身一變，成了署理黑龍江巡撫。

這事情被捅出來後，奕劻、袁世凱集團很是難堪，最後朝廷只得下令徹查此事，最後段芝貴雞飛蛋打，屁股沒坐熱巡撫位子便被攆了下來。至於載振，在這風頭上也不敢明納翠喜，只得眼睜睜地看著到手的美人離己而去，最後嫁給

九、丁未政潮：好人未必好官

131

了某鹽商。所幸的是，朝廷最後還是網開一面，以「事出有因，查無實據」將載振之事了結。不過，「事出有因」的結果是趙啟霖被免職，原因是輕聽輕信；而「查無實據」的結果便是載振被弄得灰頭土臉，最後也只好辭職了事。至於段芝貴，這位行賄者因為還有其他問題，最後是被查處革職，永不敘用（清王朝垮臺後，袁世凱時期另當別論）。

在這個典型的性賄賂案中，奕劻、袁世凱集團損失遠大於瞿岑聯盟。面對瞿岑聯盟的步步緊逼，奕劻、袁世凱決定要反擊了。不過，相對於瞿岑「激於義憤」式的書生手段，奕劻的反擊可就老道多了。他首先指使楊士琦在軍機處檔案裏精心查找，將當年瞿鴻禨保舉康有為、梁啟超的三份奏摺和岑春煊保舉立憲黨人張謇（翁同龢的門生）的奏摺翻出。隨後奕劻帶著這些證據去見慈禧太后（中國的事情，很關鍵的就是政治立場問題，只要這裏不出問題，貪污賄賂多少都不算大問題）。奕劻在慈禧太后面前的一番搬弄，雖然沒有將瞿鴻禨和岑春煊立刻扳倒，但足以讓慈禧太后感到警覺了。這就夠了，後招還在後面。

恰好這時廣西革命黨人頻頻起義，加之還有民變，於是袁世凱便在慈禧太后前大誇了岑春煊一番，然後推薦岑春煊

任兩廣總督，前去擺平那些事。慈禧太后說岑春煊不願去外地任職，似乎有所猶豫。這時，袁世凱說了一句話：「君命猶天命，臣子寧敢自擇地。春煊渥蒙寵遇，尤不當如此。」

於是岑春煊在京城剛呆一個月，便要被打發到廣州去了。這次，岑春煊又故技重演，他到了上海後便稱病不行，想在上海靜觀事態能否好轉。但令他萬萬沒有想到的是，他到上海不久，便傳來瞿鴻禨被趕出軍機處的消息。

這又是怎麼回事呢？

原來，在岑春煊被逐出北京後，瞿鴻禨去見慈禧太后的時候將奕劻貪贓無厭的劣跡加以稟報，慈禧太后聽後也微露罷免之意。但不知何故，奕劻要被罷免的傳聞竟然於次日登載到英國的《泰晤士報》和都中的《京報》，一時間眾人交相議論。恰好這時英國駐華公使的夫人參加慈禧太后遊園招待會，便問起此事，慈禧太后大驚，急忙矢口否認。事後，慈禧太后十分生氣，便懷疑是瞿鴻禨口風不緊，洩漏於外人。而奕劻得知此事後，立刻買通翰林院侍讀學士惲毓鼎寫了一份彈劾奏摺，裏面列舉了瞿鴻禨的「暗通報館、授意言官、陰結外援、分佈黨羽」的罪名，這一下可謂是打得又準又狠，瞿鴻禨很快便被罷免，開缺回籍。

　　岑春煊聽到這個消息後，仰天長歎，但又無可奈何，只得打點行裝，前往廣州就任。但還沒等他動身，朝廷一紙詔令飄來，岑春煊打開一看，頓時傻了眼，只見詔令上寫著：「岑春煊前因患病奏請開缺，迭經賞假。現假期已滿，尚未奏報啟程，自系該督病未痊癒。兩廣地方緊要，員缺未便久懸。著岑春煊開缺調理，以示體恤。」

　　殺人不見血。岑春煊這下頭腦都沒摸著，就被趕出了清末政壇。

　　這事當然是奕劻、袁世凱在背後搞的鬼。據野史《一士譚薈》說，這事是袁世凱委託他的兒女親家、當時的兩江總督端方給陷害的。端方是個新潮人物，他非常酷愛照相機，工作之餘經常琢磨攝影技術。後來他在袁世凱的指使下，利用自己的攝影和沖洗技術，將岑春煊與梁啟超的相片合在一起，形成了岑梁兩人的並肩親密交談照。袁世凱接到相片後，十分欣喜，便將照片呈遞給慈禧太后過目。據說，慈禧太后看到相片後默然不語，十分的傷感，最後說：「春煊竟然也和亂黨勾結，這天下的事情真是不可預料啊！雖然，彼負於我，我不負他！准他退休罷。」（另有一說是上海道蔡乃煌偽造岑春煊與康有為合照的）

短短幾個月時間，瞿鴻禨、岑春煊及相關的數人（包括軍機大臣林紹年，當時是瞿鴻禨一派，曾參與彈劾段芝貴，後被擠出京城）相繼垮臺，奕劻、袁世凱等人大獲全勝，這就是清末的「丁未政潮」。

　　中國的事情，說起來也的確是古怪而複雜，很多事情看起來在意料之外，卻又在情理當中；有時候一個好人，但未必對社會進步有幫助，而一個聲名狼藉的人，無意中卻促成了制度的變革，雖然他當時的想法未必是出於公心。譬如說奕劻，他是貪官而且中庸無能，但他在袁世凱鼓動下──當然也包含了他的利益──卻也做了中國政治結構轉型的努力；而榮慶、瞿鴻禨等人，你不能說他們不清廉剛正，不是個好官，但好官卻未必能促進社會的進步。即使是袁世凱，你也無法說他當時真是出於私心。而且，在很多時候，袁世凱想要辦成點事情的話，又不得不玩弄些手段，或者必須用錢鋪路或者籠絡私人，因為不這樣，很多事情在當時根本就做不成。這真是個離奇的悖論。

　　事後，慈禧太后也意識到奕劻、袁世凱等人可能會獨攬朝政，於是在罷免瞿鴻禨的第三天，便派醇親王載灃到軍機處學習入值，形成軍機處「兩親王」的格局，以便牽制奕

勖。另外,為了防止袁世凱勢力尾大不掉,便以明升暗降的辦法解除了袁世凱直隸總督的職位,將他內調為軍機大臣。由於擔心載灃年紀太輕,而奕劻和袁世凱相互勾結,慈禧太后隨後又將湖廣總督張之洞調為軍機大臣,打算用他去牽制袁世凱。

飽經世故的張之洞對「丁未政潮」當然是洞若觀火,對慈禧太后的用意也是心知肚明。但是,張之洞畢竟是個斯文人,年紀也大了點,一入京城就發現這裏水很深,奕劻和袁世凱在京城經營多年,早已形成了自己的利益圈。張之洞一進京城,便很快被奕劻、袁世凱集團束住了手腳。據當時人評價說,「岑春煊不學無術,袁世凱不學有術,張之洞有學無術」,張之洞聽後,苦笑著對人說:「袁世凱不僅是有術,而且是多術。我呢,不但無術,而且還不能說自己有學,不過比他們兩個多認識幾個字罷了。」張之洞的自嘲,倒也不失實事求是。他讀了一輩子的書,做了半輩子的官,終究被李鴻章一語點中,「香濤(張之洞的字)為官多年,猶書生耳」。

說起這個「術」,多數人認為它是貶義詞,但也不是絕對,也得看具體時間和具體事件。就拿「丁未政潮」來說,雙方之「術」可謂是花樣百出、層出不窮,但誰更卑鄙或者

誰的做法對社會進步更有作用呢？至少，從結果上來看，在瞿岑聯盟被擊敗後，憲政得到了進一步的推行。

最可歎的是，岑春煊其實並不保守，他在 1904 年就曾上書請求立憲，1905 年也曾隨同袁世凱、張之洞等人上疏請求廢止科舉，不料最後在黨爭中落得如此下場，最後在上海做了很長時間的「寓公」。不過有一點沒有變，那就是反袁成為岑春煊最堅定的信念，他後來還積極參加了反對袁世凱的「二次革命」和護國戰爭呢。

個人的政治命運，在歷史中的確是顯得可笑而無奈。所謂「命運」，一則天命不可違，二則要看運道，兩者有時候還真是不可或缺呢。

十、迷霧重重：
光緒真是慈禧謀殺的嗎

1908 年慈禧出殯。慈禧太后的去世，也意味著皇權時代結束了。

　　光緒三十四年（1908 年）7 月的一個傍晚，天色漸暗，有個名叫趙士敬的士人和一群朋友吃完了飯，大家正坐在一起談天說地的時候，突然窗外大亮，同時空中還伴有隆隆霍

霍的響聲，似雷非雷，似鳥飛鳥。這時，院子外面的僕人大叫：「呀，這麼大的一個流星啊！」趙士敬等人聽後，都急忙出屋觀看，只見天上真有一顆大流星從西北掠過，聲音如雷，尾長數十丈，極為耀眼，且速度很慢。伴著爆裂的聲響，這顆大流星飛向東南方向隕落。由於持續時間長，當時看見這顆大流星的人很多，大家在一起議論紛紛，有人說這是紫微星隕落，恐怕這年要出大事了。

以上記載來自於清人野史《十葉野聞》中記載。果不其然，這年 10 月 21 日（1908 年 11 月 14 日）的傍晚，年僅三十八歲的光緒在中南海瀛台涵元殿黯然離開人世。那天早晨，御醫周景燾曾入內看脈，據他說，當時看見「光緒仰臥在床上，瞪目指口，大概是想吃東西，而那時身邊一個太監都沒有。就連寢宮裏的器皿，也都被太監們盜竊殆盡，只剩下一個玉鼎」。頗為淒慘的是，光緒臨終前，沒有一名親屬及大臣在身旁，等到被人發現的時候，早已死去多時了。

而據《清光緒帝外傳》中說，10 月初十是慈禧太后的生日，身體虛弱的光緒前去給慈禧太后賀壽。進門前，有值班的太監窺見光緒正扶著近侍的肩膀，在做疏鬆筋骨的動作，大概他擔心給慈禧太后跪拜的時候爬不起來了。但正要進去

的時候，太監傳來慈禧的懿旨說：「皇帝臥病在床，免率百官行禮，取消賀拜儀式。」

原來，慈禧太后當時也快不行了，她當時患有痢疾，拉肚子已經有一兩個月。慈禧太后畢竟年事已高，經這麼一折騰，也已是日薄西山，奄奄一息。聽到這個消息後，光緒便返回自己寢宮，心情似乎還不錯。於是便有太監跑去密告慈禧太后說，皇上聽說太后病重，臉有喜色。

慈禧太后聽後勃然大怒：「我不能死在你前頭！」隨後的幾天，慈禧太后和光緒的病情都無任何好轉的跡象，太監和宮女們個個臉色陰沉，整個皇宮一片悚然。7月18日，慶親王奕劻奉慈禧太后之命，前往普陀峪的陵區視察壽宮，也不知道當時是慈禧估計自己不行了，還是覺得光緒不行了，或者覺得兩個人都不行了。

7月19日，皇宮禁門開始增加衛兵，凡是出入宮的人都要檢查，當時皆傳慈禧太后和光緒都隨時可能掛掉，宮中氣氛非常緊張。21日，隆裕皇后去寢宮看光緒的時候，光緒早已死去多時，當時竟然無人知道。隆裕皇后心裏害怕，大哭而出，奔到慈禧太后那裏告知光緒已死。慈禧太后聽後，也只是長歎一聲——這次她又比光緒稍勝一籌。

　　隨後，光緒的遺體被早已準備好的吉祥轎抬到乾清宮。由於光緒死前沒人在身邊，當時也沒有換壽衣，正當隆裕皇后指揮那些太監七手八腳地安頓光緒遺體時，一太監急匆匆地趕過來說，慈禧太后也已經不行了。隆裕皇后慌得不行，又丟下光緒的遺體，帶著太監們急急忙忙往慈禧太后那裏趕。當時太監李蓮英看見光緒的遺體放在殿中無人看管，心有不忍，便對身邊的小太監說：「我們先把皇上弄弄好吧？」最後，在李蓮英的指揮下，光緒的遺體這才被草草料理好放進梓宮。

　　就在隆裕皇后為光緒遺體穿衣的時候，慈禧太后也撒手人寰，死在了中南海儀鸞殿內，終年七十四歲。慈禧的死亡時間是在光緒死去後第二天的下午，兩者相差不到一天。

　　《清光緒帝外傳》是清宮野史，不可盡信，但也透露了部分的真相。戊戌政變之後，這兩個大清帝國的權力象徵者和實際掌握者一直是矛盾重重。光緒和慈禧太后姨甥血親，但是在政治上，他們又是競爭對手。在這場皇宮的權力鬥爭中，光緒從小就一直處於劣勢，在最後的十年中更是鬱鬱寡歡，飽受打擊。到最後，兩人的競爭變成了身體和生命存續的競爭，體弱多病的光緒和年邁衰敗的慈禧展開了一場時間

上的持久戰。

1908 年，兩人都已經意識到自己不行了，但卻盼著對方先死。10 月 16 日在西苑勤政殿，是慈禧太后和光緒最後一次召見大臣，據那天被召見的新任直隸提學使傅增湘說，「太后神態疲憊，據說幾個月的痢疾腹瀉不止。而皇上臉色晦暗，說話聲音無力，靠座位中間墊了幾個靠枕，才勉強支持」。看來，兩人在這個馬拉松式的爭奪中都已經是筋疲力盡，隨時都有可能會倒下其中的一個。

很可惜，先倒下的卻是光緒。光緒終其一生活在慈禧太后的陰影下，而死亡之日又恰在慈禧咽氣的前一天。對此，朝野人士議論紛紛，猜測裏面可能的隱情，而這或許又是一個千古難解的宮闈疑案了。當時被懷疑的對象，不僅僅包括慈禧，還有袁世凱、李蓮英等都有可能。但是，這件事情查無對證，又曠隔多年，到底是怎麼回事，也很難說清楚。

據清宮太監的回憶錄《清宮瑣談》中說：光緒在彌留之際，當時在瀛台侍疾者共六名，其中兩人餓死，剩下幾人食不果腹，「因餓失血者又凡三人」。光緒在死前曾在床上召喚醫生周某，周某見光緒兩眼瞪大，四次用手指口，知道光緒是餓急了，但環顧周圍，實在是沒有吃的。後來，光緒帝便

漸無聲息了。

啟功也曾談及其曾祖溥良的一件往事：當光緒帝和慈禧太后傳出「快不行了」的消息後，時任禮部尚書的溥良和其他相當級別的官員也都晝夜守候在慈禧太后的寢宮之外，以防不測。大臣們都惶惶不可終日，就等著屋裏一哭，外邊就舉哀發喪。當時由於慈禧太后得的是痢疾，從病危到彌留之際的時間拉得比較長，守候的大臣們時間長了，都有些體力不支，便也顧不得大臣的禮儀，或坐臺階上，或依靠在廊柱邊，大家一副疲困不堪的狼狽相。就在宣佈慈禧太后「駕崩」前，溥良見一太監端著一個蓋碗從寢宮中出來，他便上前問這太監端的是什麼，太監說：「這是老佛爺賞給萬歲爺的塌喇（滿語「優酪乳」的意思）。」送後不久，就由隆裕皇后的太監小德張向太醫院正堂宣佈光緒帝駕崩了。而這邊屋裏的那位還挨了一段時間才算完，也不知道裏面是真死了，還是密不發喪，非要等到宣佈光緒死後才發喪。

曾在宮中擔任女官的德齡女士在《清宮二年記》、《瀛台泣血記》等書中，說是李蓮英下毒害死了光緒。鑒於德齡走的是暢銷書的模式，其作品往往拿清宮秘事嘩眾取寵，似不可信。況且，光緒從小就受李蓮英看護，一直叫他「諳達」

（師傅），並曾誇他「忠心事主」。光緒被囚瀛台後，其他太監懾於慈禧太后的淫威，不敢對光緒多有接近，唯有李蓮英多方照顧，還經常到瀛台與光緒帝拆裝鐘錶消遣。再有一事可以佐證，八國聯軍撤出北京後，慈禧一行人在回京途中，曾在保定駐蹕。李蓮英侍候慈禧太后睡下後，隨後去光緒住處探望，只見光緒在燈前孤坐，無一太監值班。當時正是值隆冬季節，天寒地凍，光緒竟因沒有鋪蓋而無法入睡。李蓮英見後抱著光緒的腿痛哭道：「奴才們罪該萬死！」然後趕緊把自己的被褥抱過來給光緒。光緒後來回憶西逃的苦楚時也曾說：「若無李諳達，我活不到今天。」由此看來，說李蓮英害死光緒似不可信。

溥儀在《我的前半生》一書中則談到，袁世凱在戊戌變法時辜負了光緒的信任，在關鍵時刻出賣了皇上。袁世凱擔心一旦慈禧死去，光緒帝決不會輕饒了他，所以就借進藥的機會，暗中下毒，將光緒帝毒死。但是，以袁世凱當時的身份，他很難有直接接觸光緒皇帝的機會，因此這種說法也可信度不高。

《花隨人聖庵摭憶》裏也為光緒喊冤。說光緒並非善終，但其懷疑的對象卻指向了隆裕皇后和其寵信的太監小德張，

而幕後的指使人可能暗指慈禧太后。隆裕皇后是慈禧的姪女，她和光緒的婚姻簡直就是一場災難。作為當時後宮中的主要人物，隆裕皇后要搞點陰謀當然不是沒有可能，但要說隆裕皇后能像她的那個姑媽那樣心狠手辣，也不可信。

最大的可能，光緒還應該是自己病死的。光緒的最後幾年身患重病，鬱鬱寡歡，雖然有名醫陳蓮舫和施愚等人診治，但當時已是病入膏肓，這些名醫也大都束手無策。

事實上，光緒本人對自己病情的惡化也極度焦慮，對那些御醫們感到十分的失望。1908 年 5 月 26 日，光緒見自己的病「屢易方藥，仍屬加重」，便斥責御醫們說：「病勢遷延，服藥總覺無效，且一症未平，一症又起。」7 月 17 日，又說：「服藥非但無功，而且轉增，實系藥與病兩不相合，所以誤事！」8 月 7 日，光緒更是大罵御醫說：「每次看脈，忽忽頃刻之間，豈能將病詳細推敲？不過敷衍了事而已。素號名醫，何能如此草率！」光緒的焦躁和絕望，可見一斑。

據《死虎餘腥錄》中記載，1908 年 9 月初的一天早上，慈禧太后與光緒在乾清宮臨朝，召見了慶親王奕劻、袁世凱等六位親政大臣。光緒當時已經病得非常重，連聽政的精力都沒有，不多大一會，就表情痛苦、疲憊不堪地伏在桌上

休息。

慈禧太后見光緒這個樣子，也有點於心不忍，便說：「皇帝久患重病，各大臣何不保薦些名醫來給看看？」各大臣面面相覷，慶親王奕劻首先奏道：「臣自六十九歲大病之後，袁世凱曾推薦過一個西醫屈桂庭，效果不錯，自此後我就不再吃中藥了，也不知道有甚麼好的中醫。」

慈禧太后聽了很有興趣，便問袁世凱推薦的那個人是誰。袁世凱便說：「屈桂庭是北洋醫院出身，歷任醫官、院長，現在是醫院總辦，此人善用西醫，醫術也頗為高明。臣全家有事都請他來診治，前北洋大臣李鴻章總督直隸時，一般也是請他來診治的。」

隨後張之洞與世續也說自己家人得病都請過屈某治病，醫術確實不錯。當時軍機大臣六人中，只有鹿傳霖與醇親王載灃沒有發表意見。慈禧太后便說：「不管是中醫還是西醫，只要能治好病就行。既然大家保薦此人，那就請來看看。」

屈桂庭的學生王仲芹當時是袁世凱的侍從醫官，得到這個消息後趕緊發電報給自己的老師，向屈桂庭密報了這一消息。屈桂庭是當時的名醫，中西醫兼通，從清朝王公到北洋要人，都經常找他看病。由於事情重大，屈桂庭接到電報後

也是滿懷憂慮，夜不成眠。沒過幾天，屈桂庭便接到朝廷命令，讓他速速去京師為光緒看病。

屈桂庭趕到北京後，心裏還是惴惴不安，心想治好了倒也罷了，治不好恐怕會惹禍上身。古代因為治療不好病而被殺的太醫也不在少數，正如前輩所說的，太醫往往都是「有抄家，無封誥」的可憐蟲。

由於屈桂庭經常幫慶親王奕劻的家人看病，關係還算不錯，到北京後他便先去見了奕劻，把自己的擔憂給奕劻說了。奕劻說：「這次讓你去給皇上看病，是軍機大臣的共同保薦，不能不去。你只管去盡心看看，有無危險，可直言先告訴我，我再密奏太后。」

隨後，奕劻便帶著屈桂庭到正大光明殿去見慈禧太后和光緒。據屈桂庭的描述，當時光緒坐在正面，慈禧太后坐在旁邊，見屈桂庭到後，便問他如何診法。屈桂庭說：「按西醫規矩，皇上要寬衣露體，且聽且看，然後才好診治。」

得到慈禧太后的許可後，屈桂庭便對光緒進行「望聞問切」的常規檢查。檢查完後，屈桂庭認為光緒的病徵主要有：常患遺泄（不能自控的遺精，可能是慢性腎炎引起），頭痛，發熱，脊骨痛，無胃口，腰部顯是有病。此外，肺部不佳，

似有癆症，面色蒼白無血色，脈搏弱，心房亦弱。

　　屈桂庭的判斷是，光緒的體質本來就不強壯，容易神經過敏，加以早年房事過度，腰病之生，由來已久。其身體禁不住刺激，神經稍受震動，或聽到鑼鼓響聲，或受衣褲摩擦，或偶有性的刺激即行遺精，還不能經常吃補藥，越吃遺精就越頻繁。由此看來，光緒的病情是綜合徵，兼有腎炎、高血壓、胃炎、肺癆等症，諸病齊發，極難救治。

　　隨後，屈桂庭請示要光緒的尿樣帶回化驗，並當場先開了兩張藥方，一為外敷，一為內服，並向慈禧太后奏明所開之方都是西藥，可去外國醫院或西藥房配製，個人不便進藥。屈桂庭估計是怕自己進藥的話，萬一發生類似明代的「紅丸」事件，到時就說不清楚了。此後，屈桂庭便每日早晨入宮到診一次。那些宮女們一看是屈桂庭來了，往往嬉笑著說：「外國大夫來了！」

　　光緒對西醫並不信任，每次服藥前都要捧藥詳細檢視。但是光緒對屈桂庭還不錯，比較信任，對於屈桂庭食物營養選擇的建議也大都遵行，用藥也頗為有效。治療數周後，光緒神志轉清，呼吸漸入常態，病情也有所好轉。據屈桂庭稱，光緒臨朝之後，甚至還能以書畫自娛。屈桂庭見過光緒

寫字，還說皇上寫字尤佳，相傳是得力於帝師翁同龢之功云云。光緒病情的好轉，當時內外相慶，人心漸安，宮中一時稱為幸事。

但沒過多久，慈禧太后又跑去干涉內務府大臣關於皇帝的進食之事，光緒本聽從屈桂庭的建議合理進食，這下又被氣得不行，當場把枕頭扔到地上以示抗議。光緒臨終前的一段時間，雖在重病中，但仍舊要每天清早前往儀鑾殿給慈禧太后請安，然後隨同到勤政殿臨朝，這種生活對於病魔纏身的光緒來說實在是一種莫大的折磨。雖然使用西醫療法後，光緒的腰痛減少，遺精也有所減少，但化驗其尿樣仍有少許蛋白質，估計其腰病還是一大隱患。

正當屈桂庭給光緒正常治病有一個月後，某天光緒突然連呼腹疼，汗如雨下，捂著肚子在床上亂滾，連喊：「肚子痛的了不得！」當時正是非常之時，慈禧太后也病得快不行了，宮廷無主，亂如散沙。光緒這裏無人管事，也沒有御醫，只有屈桂庭一位西醫在床前。

屈桂庭當時對光緒病狀的判斷是：夜不能睡，便結，心急跳，神衰，面黑，舌黃黑，但最奇怪的是頻呼肚痛，這和前期的病症似乎沒有什麼關係。屈桂庭當時也覺得心裏打

鼓，感覺裏面有問題，但也不敢多言惹禍上身。當時他能做的，就是讓讓光緒躺在床上，以毛巾施行熱敷而已。等到光緒疼痛稍緩，屈桂庭便匆匆辭去。這也是屈桂庭進宮最後一次為光緒看病，此後宮內情形和光緒病狀，屈桂庭自稱毫無所知，只聽說慶親王奕劻被召入宮，酌商擇嗣繼位的問題，沒過多久，便聽說光緒已在瀛台涵元殿駕崩了。屈桂庭後來自己也說，光緒之死實是個難解之謎，以至斧聲燭影，人言人殊，至於怎麼回事，他也說不清楚。他說的這些東西，也只能為研究者提供佐證而已。

　　1980 年清西陵文物管理處在清理崇陵地宮時，發現光緒的遺體完整，體長 1.64 米，無刃器傷痕。後來通過化驗頸椎和頭髮，也沒有發現中毒現象。也就是說，光緒可能是屬於正常死亡，一些清史檔案專家和醫學專家的分析結論可能是正確的。當然，這仍舊不足以解釋為什麼光緒偏偏比慈禧早死一天，這種歷史的巧合很難打消人們的疑問。

　　天道不違，歲月無情。光緒的這一生，短暫而悲慘。他沒有好好地享受過母子之親、夫婦之愛、昆季之誼，甚至連皇帝應有的臣下侍從宴遊暇豫之樂也沒有。他這一生，基本是生活在慈禧太后的陰影之下，甚至連後宮生活都被慈禧太

后所控制。光緒後來喜歡的珍妃，因被慈禧太后所厭惡而在庚子之役中將之賜死井中。光緒後來知道這件事後，感情大受傷害，以至於身體每況愈下，最終康復無望。

人生苦短，血色殘陽，光緒的最後十年，在慈禧太后的壓制下，可謂是備受冷落，孤苦淒涼。也許是陰謀，也許是冥冥中的註定，光緒和慈禧太后一前一後地相繼離開人世。也許只有死去，光緒才能得到真正的解脫。

在人們的議論聲中，慈禧太后風光大葬，其葬禮極為隆重而豪華，讓中外人士歎為觀止。當時荷蘭阿姆斯特丹《電訊報》的駐華記者對此做了一個詳細報導：

「送葬隊伍中，打頭的是一隊穿著現代軍裝的長矛輕騎兵，裝束齊整，舉止得體。接下來是由僕役們用手牽著，成一列縱隊的小矮馬。再後面就是一大群身穿猩紅色綢緞衣服，帽子上插著黃色羽毛的僕役，大約有幾百人，他們輪換著抬靈柩。

「緊接著又是另一隊長矛輕騎兵，在他們的長矛上飄揚著紅色長條旗，後面跟著馬槍騎兵。他們屬於皇家禁衛軍，身穿有紅鑲邊的灰色軍衣。後面又有一排排穿著紅衣服的僕役，舉著綠、紅、紫、黃等各種顏色的旌旗和低垂的綢緞條

幅。那些舉著鮮豔旌旗的僕役行列沒完沒了，似乎他們把皇宮裏的旌旗全都搬出來給已故太后送葬了。

「接下來是來自戈壁灘的高大駱駝，滿身絨毛，體格壯碩，它們成二列縱隊，行走在道路的兩旁。牠們背負著用黃綢包裹的搭帳篷必需品，因為這個送葬行列在到達清東陵之前要走整整五天的路程。接著又有一群穿著紅色衣服的僕役，雜亂無章經過。在一些穿黑衣服的官員走過去後，之後還是雜亂無章的僕役隊伍。接著突然出現了兩頂用金黃色綢緞裝飾，並由轎夫抬著的轎子，還有一些相當歐化的現代葬禮花圈。剛才被經過的馬匹和駱駝糞便弄髒了的路面現在又由僕役們打掃乾淨了。所有這些似乎都表明前面的只是一種開路的儀仗隊，因為後面的隊伍一時還看不見。

「隨後，在遠處土丘之間的下坡路上很快就可以看到隱隱約約的旗幟。獵獵紅旗映襯著天空，一排排的騎兵向我們走來。更多的黃色轎子自上而下地過來，在這些轎子的後面，閃爍著一團耀眼的金黃色火焰，體積大得嚇人，而且離地面很高。慈禧太后的靈柩非常緩慢地向前挪動著，方形的靈柩上頂著一個偌大的金球，而且是用一塊邊幅很寬的織錦罩起來了。它被一百多個轎夫用長長的竹杠抬著，高高地聳立在

他們的頭頂上，以威嚴而莊重的方式向前移動。早在一個半小時之前，太陽就已經升起，使得那個靈柩上的黃色綢緞就像是天上的一道燃燒著火焰的金色河流。這種黃色是代表皇帝的顏色。那金色的靈柩前面有數百面黃色的旌旗作為先導，那些旗幟被人們用紅色和金色的旗杆高高地舉在空中。

「接著來了一大群身穿飄逸的長袍和帽子上插著黃色羽毛的僕役。他們的後面是一批身穿紫紅色長袍，上面有象徵長命百歲，用金線刺繡的「壽」字。這些人也手持黃旗。到處都是一片黃色的海洋，有無數方形或圓形，上面繡滿了龍鳳的黃、綠、紅、藍等各色旌旗。在其他浩瀚如雲的轎子、小矮馬、旌旗和喪旗的後面還跟著一大批身穿深黃色袈裟的喇嘛和尚，他們分別來自西藏和蒙古。

「最後一大批清朝的高官走上前來。他們身上只穿著黑色的喪服。他們的官帽上摘掉了表示官銜的飾物，即紅珊瑚和藍寶石頂子，以及孔雀羽毛。他們是大清王國最高層的官員，其中包括了親王、御史和大臣。所有的人都帶著哀悼的神情從我們面前經過，衣著質樸，就像老百姓那樣，身邊都未帶隨從。

「龐大的靈柩現在已經離我們很近了，距離地面很高。這

個用黃色織錦覆蓋著的龐然大物像一團火似地燃燒、閃耀、發光，釋放出明亮的金黃色。它由一百多個轎夫抬著，緩慢地向前移動。它前進的行程是如此的困難和複雜，恰似這黃澄澄的靈柩是一沉重的純金塊，其柩衣也好像是用金屬，而非織錦製成。在陽光下，它顯得像是一道金色的瀑布。在這個皇家的金黃色靈柩中居住著一個以藍鳳凰與紅花為象徵的造物。沿路的士兵們全都持槍致敬，外國公使的警衛們也都向靈柩敬禮。

「現場像死一般的寂靜，站在土丘上那成千上萬的人們也都靜穆無語，就像一位女神正從他們面前被抬過，其靈柩一搖一晃，莊嚴地向前挪動。有一位喇嘛用小木鼓敲擊出了轎夫們抬靈柩的步伐節奏，木球擊打著羊皮，在令人抑鬱的寂靜中發出一種冰冷和陰沉的聲音。」

慈禧太后的去世意味著一個時代結束了。正如那位記者所評論的，「慈禧太后是神聖和古老理念的最後一位代表——當另一個新的黎明降臨在這個已經成為世界未來一部分的奇妙王國時，上述理念就已經隨她一起死去了」。

十、迷霧重重：光緒真是慈禧謀殺的嗎

155

《附：光緒真的死於砒霜中毒嗎？》

2008 年 5 月，《近代史研究》刊登了一篇《光緒死亡原因探析》的文章，該文通過相關資料得出了「光緒死於急性砒霜中毒」的結論。但隨後《近代史研究》又刊登聲明表示該文章「採取不正當手段獲取資料……錯誤較多」，以至於作者包振遠對《近代史研究》提起名譽權受損的訴訟。《近代史研究》為中國社科院近代史研究所主辦的權威刊物，而《光緒死亡原因探析》一文的作者為北京市公安局多年從事刑偵工作的調查員，這起訴訟更是讓光緒的死亡之謎更加撲朔迷離。

包振遠在文章中稱，2003 到 2006 年期間，北京市公安局的偵查人員會同中國原子能科學院的科研人員運用中子活化實驗，結合從河北易縣光緒崇陵提取的光緒頭髮、衣物等重要檢材，對光緒死因進行了反復的核對總和縝密的分析。根據北京市公安局法醫檢驗鑒定中心對「光緒頭髮含砷量中子活化分析」等資料，光緒枕部、頸後部和髮梢出現砷含量高倍超過致死量的情況，這是由「死後嘔吐」造成的。

所謂「死亡嘔吐」，在刑偵學中是指「由於腐敗氣體使腹腔內壓增高、胃腸受壓迫而使胃內食物溢出口腔之外，或者進入喉頭、氣管之內」，屍體腐敗過程中均會出現類似情況。由此作者認為，光緒頭髮出現砷含量高峰段位證實了「光緒頭髮中所含致命砷（砒霜）是由於光緒屍體腐敗時『死後嘔吐』而形成的」。文章最後得出結論稱，綜合中子活化分析等實驗、法醫病理毒化檢測結果以及運用偵查方式進行的分析判斷，「光緒明顯符合急性中毒死亡的特徵」。

　　文章發表後，隨後便有專家提出質疑，指出文中存在大量錯誤。不久，北京市公安局法醫鑒定中心也發來公函，稱包振遠的文章是篡改研究成果，並要求對錯誤進行澄清。這便有了《近代史研究》第四期刊登的聲明，其落款單位是「北京市公安局刑事偵查總隊政治處及北京市公安局法醫檢驗鑒定中心」，他們聲稱「包振遠撰寫的文章是採取不正當手段獲取資料，與原始資料及分析相較錯誤較多」，而且「包振遠從未參加本項對光緒死因的研究」。

　　對於北京市公安局法醫鑒定中心「採取不正當手段獲取資料」的指責，包振遠稱他是在 2006 年時應邀參加由北京市公安局法醫鑒定中心主辦的、有多名法醫學專家參加的「光

緒死因推斷專家論證會」上獲得的。在會議期間，主辦方發給與會者一份有關光緒死因的報告。此後，他根據材料，經過兩年三個月研究分析，撰寫了《光緒死亡原因探析》一文並發表在《近代史研究》上。他認為會上散發的材料是公眾資訊，「可以隨便採用」。

由此，《光緒死亡原因探析》一文中斷定光緒死於砒霜的結論頗值得推敲，而媒體上大肆炒作「光緒死因已定、系被人用砒霜毒死」的說法更應當謹慎。事實上，刑偵學界早在 80 年代就介入光緒之死的調查，1980 年清西陵文物管理處在清理崇陵地宮時，發現光緒的遺體完整，體長 1.64 米，無刃器傷痕，後來通過化驗頸椎和頭髮，也沒有發現中毒現象。也就是說，光緒可能是屬於正常死亡，一些清史檔案專家和醫學專家的分析結論可能是正確的。2003 年有關部門又取樣檢測，依然沒有得出確切的結論。當然，這仍舊不足以解釋為什麼光緒偏偏比慈禧早死一天，這種歷史的巧合很難打消人們的疑問。

如此看來，包振遠一文貿然斷定光緒為急性砷中毒死亡的結論未免言之過早，何況鑒定單位都對其文章提出「與原始資料及分析相較錯誤」的指責，媒體將此文結論作為定論

實在是過於唐突。何況，砒霜中毒並不難分析，中國歷史上對砒霜中毒也積累了大量豐富的經驗，何至於前幾次都不能定論，這次卻言之鑿鑿呢？筆者認為，對這種歷史的巧合或者歷史的疑案，在沒有十分確鑿的證據及合理的推斷之前，最好還是持存疑的態度而不必迷信權威，畢竟現代科學也未必就能解釋歷史的所有事件。

十一、時代背影：
　　慈禧太后的一生也不容易

　　I.T. 赫德蘭在《一個美
國人眼中的慈禧太后》中
稱：「慈禧太后在中國歷
史上沒有第二人，在世界
歷史上也絕無僅有。她不
僅在上上世紀後半葉統治
了大清帝國，她的統治推
遲了大清帝國的滅亡，她
還把中國政治家們所能想
到的某些改革措施也付諸
實踐了。和滿族的其他婦

慈禧太后

女相比，她可謂鶴立雞群，出類拔萃。和其他民族的婦女相
比，她同樣毫不遜色。就性格的堅強和能力而言，她和任何
人相比都不差。我們不由自主地欽佩這個女人，她小時候在

家裏幫母親幹雜活，後來被選入宮做了貴人。她是一個皇帝的生母、一個皇帝的妻子。她立了一個皇帝，她還廢了一個皇帝，她統治中國將近半個世紀——而所有這些都發生在一個婦女沒有任何權力的國度。」

外國人對中國的歷史不太瞭解，所以他們說出來的話略為顯得誇張。不過，有一點他說對了，那就是一百多年前的清朝，的確是個婦女沒有任何權力的國度。正因為如此，慈禧太后才顯得那樣的突出與另類，她不僅讓當時的男人們感到狼狽不堪，也讓後來的男人們感到義憤填膺甚至惱羞成怒。

不可否認，慈禧太后不是什麼政治家，她的政績也不怎麼光彩照人，用現在的話來說，那簡直就是禍國殃民，遺患無窮。但是，歷史選擇了慈禧太后，而且對於她個人來說，她成功了，因為她以一個女人的智力與才能，在近半個世紀的統治裏保住了這個不斷下墜的王朝，沒有在她手裏斷送江山；但對整個國家發展而言，慈禧太后毋庸置疑的失敗了——但這並不意味著別人就一定做得比她更好，因為歷史證明，後來的很多人做得比她更壞。

從「老佛爺」到「一代妖后」，劇烈衝突的歷史觀總會讓人感到無所適從，而「臉譜化」的歷史認知更是讓真相遠

離。問題其實沒有想像中的那麼複雜，說白了，慈禧太后只是以一個女人的身份在管理這個國家，而之所以要這個女人出面，主要因為是這個國家總是皇帝太小或者根本就不成器，這對於一個積習千年的皇權社會來說，這是何等的糟糕與不幸，又是何等的艱鉅與難堪。

歷史將慈禧太后推上了前臺，在深刻而無奈的現實面前，她別無選擇。

慈禧的上臺，正是大清國風雨飄搖的危難之時：英法聯軍洗劫北京、太平軍佔據半壁江山、捻軍等起義軍不斷起事，帝國幾無寧日。國事是如此的焦頭爛額，估計這也折了咸豐皇帝的壽，結果咸豐一死，便剩下孤兒寡母——咸豐的子嗣不旺，三十一歲的他只有載淳這一個兒子，由此皇位繼承人毫無爭議，慈禧太后也順理成章的成為皇太后。「母以子貴」是無法改變的事實，而這也決定了整個清末的歷史走向。

按清朝的祖制，女人是不能干政的，更沒有皇太后垂簾聽政這一說。咸豐自然考慮到這點，於是他在臨死之前安排了八個輔政大臣，但是他怕這些大臣日後篡權，最終又決定將自己的兩個印章賜給皇后和小皇帝，以後所有的諭旨都需要在正文的前後蓋上印章，否則便是無效。小皇帝當時只有

六歲，當然無法承擔起領導國家的責任，於是他的那個印章自然由慈禧太后來掌管，這就形成了兩宮太后和八大臣共同執政的權力運作模式。

這種平行的權力模式，看似平衡了雙方勢力，但雙方的合作出現了嚴重的問題：八大臣認為兩宮太后不過是深宮中的女流之輩，頭髮長、見識短，按祖制亦不當干政，因此打算將她們看成蓋章的機器，並不想讓這兩個女人插手具體的政務；而慈禧對此極不滿意，她認為自己和慈安太后既有鈐印之責，便是最高權力的代表，八大臣不過是輔政而已。

在迅雷不及掩耳間，慈禧與恭親王奕訢聯手發動的政變便取得成功。對於八大臣的無能，很多人表示不理解。其實問題很簡單，慈禧太后之所以能在政變中一舉功成，關鍵還是她有小皇帝撐腰，即所謂的「皇權」。在專制社會裏，皇權就代表了最高的權威，八大臣能力再強也無法與之對抗，最後只能乖乖的束手就擒，否則便是叛臣逆賊，天下人得而誅之。在當時的社會裏，天下不可一日無君，小皇帝是最大的王牌，慈禧也由此成為清廷最後的負責人。皇權思想之殘酷，雖獨夫民賊亦不可或缺，也無法挑戰。

但是，初抓權柄的慈禧太后畢竟學識有限，她小的時候

家境並不好，在當時「女子無才便是德」的社會裏，既無機會也無可能接受到非常好的教育。但機會是要靠人去爭取的，慈禧進宮後，蒙上天眷顧生養了一個兒子（也是咸豐唯一的兒子），這才受到了咸豐的重視。而咸豐因身體多病而懶怠於朝政，這又給了慈禧接觸朝政的機會。在代丈夫批閱奏章的學習中，慈禧的權力欲望也由此一發而不可收拾。

比慈禧年長兩歲的恭親王奕訢，在當時的皇族中被公認為是最有能力的，但限於名分所定，在咸豐生前他不能和哥哥去爭，咸豐死後他又不能和侄子去爭，這註定了奕訢只能做個賢王，為死去的皇兄和活著的皇嫂及侄皇帝效勞一生。對於這點，慈禧心知肚明，她也算是識人善用，給了奕訢成就生平抱負的機會。但是，奕訢太有能力，慈禧也是時時刻刻加以提防，以防止這個皇叔威脅到自己兒子的地位。

學識與能力姑且不說，但慈禧的馭人權術確實是有一套。在平定太平軍和其他亂事後，慈禧將該收回的軍權堅決收回，該放權的時候又絕對信任，中央與地方的關係處理得很好；而在內亂後的重建中，慈禧與奕訢乃至曾國藩、左宗棠、李鴻章等漢人督撫的配合默契，由此出現一段難得的「同光中興」也不是完全偶然。實事求是的說，此時的慈禧的

確非常虛心,她在處理政務之餘也在不斷加強學習,從寫一道百餘字的諭旨出現十幾處錯別字,到對朝政的處置遊刃有餘、從容應對,這說明慈禧的學習和適應能力是非同尋常的。

在執政的最開始,慈禧可能只是想給兒子同治看好江山,屆時將權力移交給長大的皇帝,自己則可以安然退養——這從她每次撤簾歸政前總是熱心於修建園林工程可以看出——這種心態,歷史學家唐德剛稱之為「姨太太」心理。由此也可以看出,慈禧並沒有做大事的抱負,她的最終目的不過是為將來的小皇帝作一過渡——晚清之所以不能和日本明治維新或者德皇、沙皇等相比,原因還在於慈禧這種「女人當政」的心態——她不是皇帝,也沒有進取心,最多只能守成。

但很不幸的是,慈禧太后手裏的兩個小皇帝都不合格。同治是慈禧太后的親生兒子,因此慈禧太后在同治年間的執政態度明顯積極,她盡心盡責的想給兒子開創一個好的局面,但是同治這孩子一點都不爭氣,他天生不愛讀書而喜好玩樂,到了十六七歲本應該親政的年紀了還「讀摺不成句」;等到十八歲的同治好不容易親政了,可惜又命淺福薄,一年多點就得天花死了,而且沒有留下任何子女。

喪子之餘，慈禧太后可謂是萬念俱灰。慈禧太后之前打拼了十幾年，圖個啥呢？不就是為了給兒子留個好江山？但這一切，隨著同治的死亡而煙消雲散。正如當時人說的，有同治在，慈禧太后還有點想頭；同治不在了，如今連想頭都沒有了。

慈禧曾說，我幾次垂簾，不知內情的人，有的認為是我貪圖權勢，實際情況是形勢迫使我不得不這樣做。這話雖說是慈禧的自我辯解，但也有幾分道理。同治死後，皇帝繼承人便成了大問題，最終慈禧選中自己妹妹的兒子載湉做皇帝。從名分上來說，這個安排在當時是不合適的，但卻又沒有更好的安排。由此，慈禧也只能二度垂簾，再次培養一個小皇帝。但是，慈禧這次垂簾的責任心與同治時期可就差之甚遠了——光緒畢竟不是親生骨肉。由此，慈禧太后也由一個積極的執政者變成了一個單純的王朝看護者，在這種心態下，同治年間的朝氣和生機也明顯日漸枯萎，日益走向保守和頹唐。

等到第二個小皇帝長到十八歲親政，慈禧也由首次垂簾的那個二十七歲少婦變成一個快六十歲的老太婆了，但這次的皇帝也不是合格人選。光緒雖然從小好學，但性格存在嚴

重的缺陷，這也是因為他從小遠離自己的親生父母、長於深宮之中所造成的。在慈禧太后的威勢之下，光緒從小就嚴重缺乏自信而在成年後又離奇的發展出超常的逆反心理，而這一切在慈禧太后的眼中又是一種極不成熟的表現，由此也導致了她對光緒的不信任。

甲午年的戰爭對光緒來說是一場巨大的災難，因為他在不瞭解實情的情況下積極主戰，但戰爭的結果卻是清軍慘敗，小皇帝飽受屈辱，由此也演變成戊戌變法的強大動力。對於隨後的變法，歷史的真相和通常的記述大不相同的是，慈禧太后並沒有去刻意的反對，而是給予默認與支持，畢竟光緒已經親政，而且變法對清王朝有利，她也不好干涉太多。

可惜的是，光緒的急躁心理又遇上幾個行為乖張、不知深淺的變法派，領頭的康有為毫無手腕又為人驕傲自大，幾乎就是一個「成事不足、敗事有餘」的書呆子。在這些人的輔佐下，變法的詔令雖然如雪片般的發下，但因為沒有考慮到實際情況和可操作性，幾乎所有的變法措施都是一紙空文。皇帝沒經驗，變法派更是一群書生，在他們的胡鬧下，最後弄得朝政都無法正常運行，那些被革斥的官員跑到慈禧那裏去哭訴，慈禧也不免動了怒氣，將四品以上大員的任免

權收回以穩定朝政。眼看情況不妙，這些變法書生們在接到光緒的衣帶詔後，居然想出了一個「圍園」之謀，這下慈禧太后就要大發雌威了——這種謀逆的行為不僅危及到慈禧的生命安全，而且危及到整個清廷的生存，正如慈禧斥罵光緒：「癡兒，今日無我，明日尚有汝乎？」

戊戌六君子被殺了，光緒也被軟禁了，慈禧太后再次出來聽政——這一次簾也不用垂了，反正都七老八十了，讓大臣們看見也無所謂，只可憐光緒坐在旁邊如同泥塑木雕，非經慈禧太后示意，往往是不發一言。

作為清王朝的難言之隱，那就是光緒的身體存在著嚴重缺陷——他生不出兒子。咸豐死的時候只有一個兒子同治，同治死的時候一個兒子都沒有，如今光緒結婚十幾年都沒有一子一女，看來生育能力的確是有問題。天亡大清，這也是歷史的定數，清朝的最後三個皇帝（同治、光緒、宣統）在已經成年的情況下都沒有子嗣，這在歷朝歷代都是極為罕見的「宮荒」——宮中幾十年沒有小孩的哭聲，這對慈禧來說，可能是最大的噩夢。

眼看光緒的確是生不出兒子，慈禧太后也只能另想辦法，早做打算，不然到時又立個小皇帝，屆時連垂簾聽政的

人都沒有。於是，慈禧選了端王載漪的兒子溥儁來當大阿哥，這下可就惹下了天大的麻煩，最終引發庚子國變，八國聯軍攻進北京，慈禧太后等人也被迫逃到了西安，一時間幾乎是「國將不國」，若不是慈禧太后這幾十年的威信還在，大清朝早就東南互保、西北獨立了。

庚子西狩的慘痛經歷，也讓慈禧太后徹底認識到她當政幾十年的巨大失敗。難能可貴的是，此時垂垂老矣的慈禧太后卻突然下定決心要搞新政，終於讓這個瀕臨死亡的王朝重新煥發了生機。清末新政決不是當年的戊戌變法可以比擬，各項措施行之有效，廢科舉、練新軍、改官制、頒新法，等等，成績卓然，有目共睹，遠較康有為那些毛毛糙糙的變法派來得穩健可行。更令人吃驚的是，慈禧太后順應民情，在1905年後甚至還搞起了立憲，這在中國的上千年的專制歷史上絕對是石破天驚，令人難以想像。如果要說憲政的話，真正的源頭卻是在慈禧這裏。在慈禧太后執政的最後七八年中，中國才開始真正向現代社會轉型。

可惜的是，歲月從不為人而停留，正當清末立憲正在按部就班的推行時，光緒皇帝和慈禧太后卻一前一後的離開人世，留下一個三歲的小皇帝和木訥寡言的攝政王載灃來主

持局面——這又是一個不合適但無可奈何的安排，在皇權專制社會裏，名分大過天。二十來歲的載灃當然不能和慈禧太后幾十年的威信相比，嘩啦啦不到三年，大清王朝便轟然倒塌——反正慈禧太后是看不到了。

「精於治術而昧於世界大勢」，這是目前學者們給慈禧太后最公允的評價。在這近半個世紀的執政中，慈禧太后維護大清王朝的統治，這是她個人的成功；但是，慈禧太后畢竟是個女人，她以女人的方式統治了這個古老帝國，在這個三千年未有之大變局的背景下，慈禧近半個世紀的當政既是名分所定、順其自然，但又何嘗不是一種極大的災難。總體而言，慈禧太后失敗了，她沒有把中國帶入近代化的門檻，這是她的個人悲劇，也是中華民族的莫大遺憾。

十二、爭權奪利：
載灃為何沒能挽救清朝

醇親王三子合影（左起載濤、載灃、載洵），這些新權貴在王
朝即將覆滅時仍在爭權奪利。

　　曾有人說，光緒在臨終之前，他的親弟弟載灃去見過他
最後一面。在這次會見中，光緒囑託載灃一定要誅殺袁世
凱，為自己報仇雪恨。甚至還有人說，光緒在被囚禁期間，

每天在紙上畫大頭長身的各式鬼形，寫上「袁世凱」三字，然後撕成碎片；又經常畫一烏龜，龜背寫有「袁世凱」三個字，然後貼在牆上用小竹弓射擊，射爛之後還洩不了恨，更要再取下來剪碎，「令片片作蝴蝶飛」。更玄乎的是，還有人說光緒臨死一言不發，唯用手在空中寫了「斬袁」兩字。

這些傳聞流傳頗廣，聽起來也頗像那麼回事。畢竟，袁世凱在戊戌變法中，的確幹下了出賣友人以圖自保的告密勾當，光緒也因此被囚禁瀛台，「十年困辱，均由袁世凱致之」。慈禧太后死後，就連「亂黨」康有為和梁啟超都致書載灃說：「兩宮禍變，袁世凱實為罪魁，乞誅賊臣。」看來，慈禧太后死後，袁世凱的日子是不好過了。

不過有一點可以肯定，傳聞中的光緒和載灃這場兄弟會是沒有發生過的，因為載灃當時正忙著接懿旨，然後趕緊把三歲的兒子溥儀送進宮，這事已經夠他忙得了。再退一步來說，即使載灃和光緒見了面，恐怕也只能行個問安的常禮，因為光緒被囚禁後，他的一舉一動、一言一行，都有人暗中監視並向慈禧太后報告。何況，載灃當時恐怕也沒有想到光緒會這麼快去世。

不管有沒有這場「殺袁」的兄弟會，反正載灃上臺之

後，第一個要對付的就是袁世凱。在新政以後，袁世凱在慈禧太后的庇護之下風光得很，也辦了不少實事。但問題是，他的勢力擴展太厲害了，軍隊、官制改革、立憲，他樣樣都來，而且朝中有人，門生故舊遍天下，特別是北洋新軍裏的那些將領，哪個不是惟他袁世凱的馬首是瞻？

　　皇族親貴的擔憂也不無道理。清朝本是馬上打天下的，但經過這兩百多年的養尊處優後，太平軍一起，滿人竟然已經不能打仗，綠營也是遇戰即潰，這才給了曾國藩、李鴻章等漢人勢力興起的機會。由此，地方督撫多為漢人掌握，清廷的政權也開始軟化。亂世當眾，偏偏那些滿人親貴還不爭氣，在朝廷中佔據高位卻找不出幾個能做實事的，這朝政當然搞不好。所以，戊戌變法的改革措施便直指滿族親貴，幸好老佛爺英明，及時扼殺了這場改革運動。可笑的是，那些愚昧的親貴們後來又亂出渾招，結果導致庚子之亂和八國聯軍侵華，險些葬送了清王朝。

　　越是失去的，就越想奪回來。從官制改革到預備立憲，皇族親貴看著漢人的勢力在不斷壯大，特別是袁世凱，黨羽甚眾又年富力強，他們怎能不憂心忡忡。果不其然，載灃剛剛上臺主政，肅親王善耆和鎮國公載澤便密告載灃，「內外軍

政，皆是袁之黨羽，從前袁所畏懼的是慈禧太后，如今太后一死，在袁心目中已經無人可以鉗制他」，他們建議載灃對袁世凱速作處置，不然，「異日勢力養成，削除更為不易，且恐禍在不測」。就連和載灃有過節的溥偉都拿著當年道光皇帝賜給他祖父的白虹寶刀，說要手刃袁世凱這個元兇巨惡。

載灃何嘗不擔心袁世凱。當年在官制改革會議上，袁世凱堅持要設立責任內閣，載灃至今都對袁世凱當時的倡狂仍記憶猶新。雖然老太后在前兩年已做先手，將袁世凱所轄的北洋新軍六鎮中的四鎮收歸陸軍部，去年又將他與張之洞一起上調為軍機大臣，但冰凍三尺，非一日之寒，豈能輕易動搖袁世凱的勢力？更何況，處置一個位極人品的軍機重臣，必須要經過軍機大臣們的同意，其所頒上諭也須有軍機大臣的副署才能生效，滿族親貴要誅殺袁世凱，談何容易。

正因為如此，載灃才不敢貿然而行。在再三的思慮之後，載灃和隆裕太后把首席軍機大臣慶親王奕劻請來商議。不料奕劻聽後立刻伏在地上，一言不發。在隆裕太后的厲聲質問下，奕劻才囁囁嚅嚅地說，這事得和張之洞商量一下。

載灃沒辦法，只好又召見張之洞。張之洞聽後，長歎一聲。張之洞是漢人大臣，年紀又大了，聽說要誅殺袁世凱，

未免有兔死狐悲之感。他說：「國家新遭大喪，主上又年幼，當前為此穩定的大局最為重要，此時誅殺大臣，先例一開，恐怕後患無窮。」他見載灃仍遲疑不定，便又說：「王道坦坦，王道平平，願攝政王熟思之，開缺回籍可也。」應該說，張之洞和袁世凱的關係並不算好，他的話也是寬仁厚道的長者之語，不管他是為了大局著想或是其他，卻在無意中保護了袁世凱。

事實上，除了奕劻和張之洞反對誅殺袁世凱外，其他幾個軍機大臣也表示反對，比如那桐和世續，都是袁世凱的私黨，世續還暗地為袁通風報信。而在地方督撫中，端方是袁世凱的姻親，東三省總督徐世昌更是袁世凱多年的拜把兄弟。另外，英國駐華公使朱爾典也曾為袁世凱出面說情，這些人都構成了阻止殺袁的重要力量。

不過，話說回來，袁世凱是不好對付，但在皇權體制下，袁世凱何嘗不慌張？當他從慶王府聽到「將對袁不利」的消息後，也是惶惶然如喪家之犬，無計可施。1909 年 1 月 2 日，在嚴辦袁世凱的流言聲中，袁世凱迎著冰冷徹骨的寒風，像往常一樣前往內廷。載灃主政後，每日都要召集軍機大臣商議朝政。這一天，當袁世凱走到殿廷的時候，早被買

通的當值太監將他攔住，偷偷地對他說：「袁大軍機可不必入內，今日攝政王怒形於色，聽說嚴懲諭旨即下，恐怕對袁大軍機不利，宜早籌自全之策。諭旨如何嚴峻，則非我輩所能得知。」

袁世凱聽後，猶如被打了一悶棍，在腦海一片空白的情況下，失魂落魄地走回了自己家中。待到稍微清醒，袁世凱急忙把自己的幕僚和親信召來商議對策。親信張懷芝說，情勢危急，不如立刻前往火車站乘三等車前往天津，畢竟直隸總督楊士驤是我們的人。袁世凱聽後，立刻簡單的收拾行裝，在張懷芝的保護下前往天津。為防不測，袁世凱不敢到天津本站下車，而是提前一站讓張懷芝給楊士驤打電話，讓他派人來接。楊士驤倒還鎮定，他讓袁世凱萬不可讓人看見其前來督署。

袁世凱正在生悶氣之時，楊士驤的親信來了。他帶來了北京的消息，說「罪只及開缺，無性命之虞」。袁世凱聽後長舒了一口氣，便決定立刻回京，預備明晨入朝謝恩，不然會引起更大的麻煩。

當時北京的袁府更是陷入了慌亂當中，袁世凱失蹤的消息在城中不脛而走，一時間謠言紛紛，有人說袁世凱被秘密

處死的，也有人說袁世凱畏罪自盡的。主持軍機大政的張之洞直到聽說袁世凱已經回來的確切消息後，他心裏的一塊石頭才算落了地。緊張之餘，老張忍不住對左右調侃道：「人家都說袁世凱不學無術，我看哪，他不但有術，而且是多術，你看他這次倉皇出走，能找的地方都找遍了，誰能知道他躲在哪裏？我現在算是知道什麼叫『術』了。」

第二天，袁世凱終於見到了那道上諭：「內閣軍機大臣外務部袁世凱，夙承先朝屢加擢用，朕御極復予懋賞，正以其才可用，俾效驅馳。不意袁世凱現患足疾，步履艱難，難勝職任。袁世凱著即開缺回籍養痾，以示體恤之至意。」

三天之後，袁世凱懷著無比的委屈和幽怨，帶著他的姨太太和親信們，孤獨而淒茫地離開了北京。袁世凱被排擠出京後，清末政壇再次發生或大或小的地震，袁世凱的私黨一個個清除：楊士驤當年去世，端方接任直隸總督；張之洞去世；郵傳部尚書陳璧被革職；徐世昌內調郵傳部尚書，東三省總督由錫良接替；黑龍江布政使倪嗣沖被查辦；民政部侍郎趙秉鈞被斥，載澧接管警政；江北提督王士珍自請開缺，等等。

表面上看起來，這是載澧和袁世凱的鬥爭，但實際上，

這是以載灃為首的滿族親貴派和奕劻、袁世凱集團的權力之爭。載灃主政之前沒有自己的人馬，他所能接觸到並信任的，也只有像載澤、善耆、載濤、載洵、毓朗等人這樣的滿族親貴，而這些人不管有才無才，都迅速地集結在載灃周圍，成為一個皇族親貴集團。載灃集團都是一批新發家的少壯親貴，他們當時手無實權，要想獲得權力，必須排斥當時的實權派奕劻、袁世凱集團。

載灃集團和奕劻、袁世凱集團之爭，不是簡單的滿漢之爭。事實上，奕劻、袁世凱集團的首領和後臺是皇族慶親王奕劻，而滿人中的重臣端方、那桐等人和這個集團的關係也極為緊密。奕劻與袁世凱的結合，表面上是由於袁世凱賄買了奕劻，以擴大自己的權勢，但事實上，奕劻何嘗不是要靠袁世凱來保住他的地位。奕劻、袁世凱集團，實際上是皇族元老派和新北洋派的聯合。正如末代皇帝溥儀後來所說：「殺袁世凱和保袁世凱的問題，早已不是什麼維新與守舊、帝黨與后黨之爭，也不是滿漢顯貴之爭了，而是這一夥親貴顯要和那一夥親貴顯要間的奪權之爭。」溥儀先生的明白話不多，這句算是一語中的。

扳倒了袁世凱後，載灃首先要抓的就是軍權。他當年作

為「謝罪專使」到德國的時候，德皇威廉就曾向他傳授保持皇權的秘訣：要有足夠數量的軍隊，並一定要由皇帝直接掌握。由此，載灃得出一個結論：皇室要抓軍隊，皇族子弟要當軍官，兵權一定要牢牢地控制在皇室手中。他回國後，反復向慈禧太后強調了這個觀點。於是，在他的積極建議下，陸軍貴冑學堂於 1905 年成立了。這所學堂主要招收出身於親貴家庭的子弟，當時載灃帶頭入學，他的弟弟載洵和載濤也跟著進了學堂。另外，還有溥偉等人，當時都是這個學堂的學生。

不過，陸軍貴冑學堂開學之後，載灃哪有時間去上課，不過開學典禮出席一下而已。載灃尚且是這樣，其他的人那更是沒法管了。《清宮遺聞》裏記錄了這個貴冑學堂的一齣滑稽戲。說貴冑學堂的學生，多是王公貝勒或者宗室子弟，所以他們的用餐都要按照規格並做得極其豐厚精美，每人一席，每天就要花掉七八兩銀子，要是稍微不順他們的口味，下面的人立刻會遭到喝叱，甚至當席飛盆擲碗，一片狼藉。就連學堂的總辦教習這些人也被視同奴役，任由阿哥學生呼往喝來，唯命是聽。更搞笑的是，學生每日到堂，必須要由教習派人去請，有的時候甚至要請上四五次才勉強到場，來

的時候又正好是中午的吃飯時間，於是到了便喊「上午飯」，吃完竟然嘴巴一抹，揚長而去。也有偶然來一次講堂的，有時候興致來了，便在課堂裏高唱京調一曲。這哪裏是什麼貴胄學堂，簡直就是戲園子。

載灃接班剛滿一個月多一點，便下令建立「禁衛軍」，也就是主要用來保衛皇帝和皇宮的軍隊。這支軍隊主要從陸軍中挑選精壯士兵，並兼從閒散宗室中選出一些人組成，由載濤、毓朗和鐵良擔任訓練大臣。兩個月後，載灃又下令重整海軍，並指派善耆、載澤、鐵良妥為籌劃，而真正海軍出身的薩鎮冰卻只是名列第四。

1909 年 7 月，載灃又特意以宣統的名義下詔：一是宣佈皇帝是海陸軍大元帥，但因皇帝年幼，暫由攝政王代理；二是將軍諮處從陸軍部獨立出來，變成一個襄助攝政王的一個專門機構，並指派載濤和毓朗負責；三是將海軍處從陸軍部中分出來，設置獨立的籌辦海軍事務處，由載洵和薩鎮冰充當籌辦海軍大臣。另外，載灃還任命排漢思想最厲害的良弼為禁衛軍第一協統領官。當年 8 月，載灃又命陸軍部尚書蔭昌兼任近畿陸軍六鎮的訓練大臣。當年 12 月，載灃宣佈設立海軍部，以載洵為海軍大臣。如此一來，陸海軍都歸載灃的

兩個弟弟載濤和載洵主管了。

　　看得出來，載灃抓軍權非常堅決，行動也算迅速。但是，他的做法不但引發了地方督撫們的抵制，就連皇族內部的將軍都統們在背地裏也是怨氣沖天。道理很簡單，原來的地方總督、巡撫、將軍等都有一定的調兵權，而現在無論做什麼都需要請示軍諮處，這些人不但感到不便，更是覺得自己的權力受到損害。

　　更要命的是，載灃以為只要抓住了軍隊，海陸軍的權力都抓在自己弟弟手中，便以為萬事大吉，皇位永固。可問題是，載濤和載洵這兩個陸軍貴冑學堂的畢業生，哪裏懂什麼軍事！比如載洵，他見七弟載濤做了大臣，便也吵著要做海軍大臣，還說是繼承先父遺志（老醇親王奕譞是主管過海軍衙門）。載灃拗不過弟弟，只好讓他去做。

　　載洵和載濤兩兄弟，本就是生於富貴的紈絝子弟，他們做上官之後最熱衷的便是出洋考察，開開洋葷。1909 年秋，載洵前往歐洲各國考察海軍；1910 年春，載濤則前往歐美各國和日本考察陸軍。載洵回來一看，七弟載濤比他多去日本和美國兩個國家，那不行，於是他在 1910 年的夏天又專程去了一趟日本和美國。這兩皇叔此回算是開了眼界了，他們從

183

國外帶回來大量的禮物和洋貨，可謂是滿載而歸，滿心歡喜。

載灃雖然重視滿人，但他的圈子有限，用來用去結果變成他三兄弟主政了，其他有才能的滿人他也棄之不用。比如前面說的溥偉老侄，載灃認為他威脅到自己的權力，將他派到禁煙大臣的閑差上去；還有溥倫，這是咸豐大哥的孫子，也是近支，載灃也只是將他派到變通旗制處之類的部門，未見重用。一直到1911年，溥倫才混上農工商部尚書的位置，可惜也沒幾天官做了。

載灃棄用賢才，最為明顯的例子莫過於鐵良。鐵良是滿洲鑲白旗人，本是載灃老丈人榮祿的老部下，早年又做過兵部侍郎、練兵大臣和陸軍部尚書，本是僅次於袁世凱的軍事專家，而且當時也就四十來歲，但這樣一個老資格卻在載灃的軍事結構調整中屢遭排擠，讓他去給載洵和載濤兩個啥也不懂的年輕小子做副手。這還不算，1910年秋，為了給弟弟騰位置，載灃乾脆找了個藉口，把鐵良從陸軍部尚書的位置上一腳踢了下來，後來外放到南京去做江寧將軍。

像鐵良這樣的例子，還有良弼。良弼的祖父伊里布曾任過巡撫、總督，他們家對大清可謂是忠心耿耿，良弼從小就學習優良，做事果敢，後來又留學日本士官學校，是滿人中

難得的軍事人才，但也只被載灃任命為禁衛軍第一協統領，不可不謂是大材小用。

當時皇族還有載澤，他本來和載灃關係很好，又是姻親，而且曾經出國考察，論才幹大大超過了載洵、載濤兩兄弟，但載灃也只是讓他做個度支部尚書。載澤與奕劻的矛盾很大，常對載灃說，「你要不聽大哥的話，老慶（奕劻）就要把大清江山斷送了！」但是，載澤的很多提議載灃都沒有採納，而只是一味敷衍。

載灃之所以沒有聽載澤的建議去扳倒奕劻，主要是擔心北洋派難以控制，而奕劻主管外務部，他又怕外國人干涉。要說起來，鐵良被棄用也和奕劻有關係，因為載灃認為鐵良是奕劻的人，他要為弟弟載洵、載濤掌握軍權掃清道路。不過，載灃雖然不敢用對付袁世凱一樣的手段扳倒奕劻，但卻一步步削弱奕劻的職權。

但是，奕劻也不是那麼容易對付的。奕劻在官場上混了這麼多年，關係盤根錯節，很多事情沒有他出面就辦不成，正如當時所傳的一句話，「奕劻只要稱老辭職躲在家裏不出來，攝政王立刻就慌了手腳」。更重要的是，奕劻有隆裕太后護著，載灃奈何不了他。隆裕太后護著奕劻，據說是這麼

回事：慈禧太后立嗣的時候，奕劻請在詔書中加兼祧（光緒）皇帝一語。慈禧不答應，她只想讓溥儀給同治嗣位。奕劻跪請再三，慈禧這才答應。於是溥儀是承繼同治並兼祧光緒。這兒的道理很簡單，如果沒有兼祧光緒，那隆裕太后就沒有名分，在宮裏什麼也不是，也做不成皇太后，命運是很悲慘的。因此，隆裕太后深感奕劻的大恩大德，當然不會讓載灃去扳倒奕劻（也有說兼祧之議是張之洞提出的）。

　　總的說來，經過這兩年的爭奪，以載灃為首的親貴派在中央朝廷中看起來是占了點優勢，但效果未必很好。一來載灃這個人做事並不是雷厲風行的那種，做人也比較軟弱，敷衍拖沓之風，比之慈禧太后時期，更是有過之而無不及；二來這多年的貪污腐敗之體制積習，即使載灃想去整頓，也沒有這個能力和精力，也只能走一步看一步；三是隆裕太后又喜歡貪權戀財，經常對載灃多方為難，有時候還擺出太后的架子，將載灃找去數落一頓。對此，載灃也是表現軟弱，一再遷就。正如載濤說的，載灃「遇到事優柔寡斷，人都說他忠厚，實則忠厚即無用之別名」。

　　更要命的是，載灃雖然在朝廷中貌似取得控制，但地方上和軍隊中，袁世凱的勢力遠沒有被拔除，這也為袁世凱的

東山再起提供了可能。而且，載灃任用親貴的做法也令很多漢族官僚感到反感和不公，正如美國學者恒慕義在《清代名人傳略》中指出的：「載灃幾乎毫不具備做攝政王的一切必要素質。他無力節制他的兄弟和其他王公顯貴，他被迫授予他們政府高位，而不考慮他們的能力。因此，他失去了許多有才幹的漢族官員的支持，否則這些漢族官員在 1911 年的革命爆發時本會站在他的這一邊。」就連載灃任用的那些少年親貴也各立門派，互相傾軋，譬如載洵與毓朗為一派，載濤和良弼為一派，彼此內耗不已。

　　一言以蔽之，載灃並不是主政的合適人選。在他的治理下，慈禧太后死後導致的威信真空進一步加劇，而清廷政權軟化的趨勢也使一切變得更加的嚴峻。載灃不是不想做攝政王，但他又何嘗不是無處可逃。

十二、爭權奪利：載灃為何沒能挽救清朝

十三、憲政末路：
國會大請願與皇族內閣

1911 年，校閱新建陸軍的大臣合影（左三為載洵，左五為載濤），皇族的親貴們把持了軍隊的高級職位。

1908 年 8 月，清廷在立憲派的鼓噪聲中，終於頒佈了《欽定憲法大綱》以及《議院法選舉法要領》和《議院未開以前逐年籌備事宜清單》，並宣稱「上自朝廷，下至臣庶，均守

欽定憲法，以期永遠率循，罔有逾越」。

清廷正式頒佈憲法大綱、搞公開政治的做法，這在中國歷史上是頭一遭。按照《籌備事宜清單》，憲政的設計者們將預備立憲期限定為九年，並詳細開列了這九年的籌辦大事和時間表，如第一年（1908年）籌辦諮議局、頒佈城鎮鄉地方自治章程、國民普及教育、編訂重要法典等；第二年（1909年）舉行諮議局選舉、頒佈資政院章程、人口調查、設立各級審判廳等；第三年（1910年）資政院開院、籌辦廳州縣地方自治、頒佈文官考試制度等；第四年（1911年）續辦各級地方自治、頒佈地方稅章程等；第五年（1912年）各級地方自治初具規模，頒佈國家稅制章程等（後面就不說了）。等到第九年，也就是西元1916年，清廷將宣佈憲法與皇室大典、頒佈議院法、頒佈上下議院議員選舉法並舉行選舉等。

從規劃和時間表來看，要辦的這些事情基本都是大事情，對於一個向現代國家轉型的舊中國來說，其難度可想而知。客觀地說，新政和預備立憲的各項措施在辛亥革命前還是取得了一定成效，這也說明清廷在某種程度上已經突破了沿襲千年的「祖制」（不僅是清朝，而是從秦漢以來的傳統專制制度），正在自覺或不自覺地朝著現代國家推進。特別到

了預備立憲，更是深刻地觸動傳統政治體制中最保守最核心的成分——專制皇權。在這個結構性變化即將來臨的時候，任何的魯莽和冒進都將給中國的未來帶來災難。但是，正如1909年日本首相桂太郎冷眼旁觀的，「立憲和國會等制度是好的，但需要很長時間的準備，中國現在走得太快，一定會出問題的」。

按照1908年的籌備立憲路線圖，清廷要進行九年的預備工作後方能召開國會，頒佈憲法。但是，一旦民眾的力量被發動起來，其進程和結果便不是改革的設計者所能控制和預料的了。誠然，清廷在1909年和1910年設立了諮議局和資政院，但立憲派認為諮議局受制於督撫，而資政院為非驢非馬之議會，因而大都希望能在兩三年內便召開國會。1910年資政院在討論「速開國會案」時，議員們全體贊成並起身歡呼，足以見其心情之迫切。

從1907年秋天起，各地立憲派便紛紛上書清廷，要求速開國會。而在1909年10月各省諮議局第一次開會時，江蘇諮議局議長張謇通電各省諮議局，建議組織國會請願同志會。經過一個多月的多方聯絡，各省代表於12月18日陸續抵達上海，開會商議請願速開國會之事。1910年1月，各省

請願代表團代表到北京後，向都察院呈遞了由直隸諮議局議員孫洪伊領銜的「速開國會」請願書，「期以一年之內召開國會，則天下幸甚」！

都察院的大人們對此類干涉朝政的帖子向來十分反感，因而沒有為他們代奏。代表們失望之餘，便開始遍謁朝臣，尋求支持。他們首先去求見的是首席軍機奕劻和其他軍機大臣。奕劻一向圓滑，他對請願代表說：「我亦國民一分子，自必幫忙。」那桐也表示贊成。在經過他們的爭取後，鹿傳霖和戴鴻慈也表示理解。但在訪問一些皇族親貴的時候，肅親王善耆、貝子溥倫和鎮國公載澤則避而不見，而貝勒載濤和毓朗則表示將「竭力相助」，總算是讓代表們感到些許安慰。

與此同時，各省督撫也紛紛致電清廷，請求「俯從輿論，速開國會」。隨後，御史江春霖（也是資政院議員）特意上摺「奏請縮短國會年限」。不僅如此，連旗民也加入請願隊伍，他們「公推代表，赴都察院呈請代奏速開國會」。在這種情況下，都察院只好將這些請願書一同上奏。

不過，令代表們失望的是，1月30日清廷發佈上諭對請願速開國會之事作了答復。上諭中雖然對代表們的愛國熱忱「深表嘉悅」，而且保證「憲政必立，議院必開，所慎籌者，

緩急先後之序耳」，但還是以「國家幅員遼闊，國民智識不一，遽開議院，反致紛擾不安」為藉口，拒絕了代表們的請願要求。

對於這個結果，各省請願代表們並不感到吃驚——如果請願一次就能成功，那就不叫中國的朝廷了。於是，他們經過商議後，決定再次發動請願，而且要擴大請願代表的範圍，並廣泛徵集請願簽名，以壯聲勢。同時，請願代表們還制定了章程並成立了「國會請願同志會」，北京設立總部，各省各埠設立支部，隱然已有政黨之雛形。

1910年6月初，經過「國會請願同志會」的努力，各省代表們再度進京，發動第二次請願。這次請願代表擴大到一百五十人，除了各省諮議局議員外，還包括了各省商會、學會及華僑代表等。而且，令人鼓舞的是，這次請願還徵集到三十萬人的簽名，其規模遠遠超過第一次。

6月16日，進京請願代表再次來到都察院，呈遞了十份請願書。雖然十份請願書各有側重不同，到結論只有一個，那就是「速開國會才是弭亂救亡之策」。請願代表們還警告說，如果不速開國會，「漢唐元明末造之禍，必將復見於今日」，與其等「大難已作同遭玉石俱焚之慘，何不及今力持大

體，俯順民情，速開國會，以弭亂於無形乎」？

這次都察院沒有為難，而是立刻代奏朝廷。請願書上去後，朝中大臣開始分化，有人力主「嚴旨震嚇」，以免代表們「嘵嘵不休」；有人則認為「民心不可失，民怨不可積，須婉言對付，免生枝節」。據說載灃看到請求立憲的簽名者已經有三十萬之多時，也曾忍不住拍案大呼：「人民請願如此之多，倘再不准，未免大失民心！」

但是，這些大員們討論下來，覺得還是不能輕易服軟；萬一這先例一開，以後這些老百姓都群起效尤，朝廷的威嚴何在，豈不是留下極大的麻煩。於是，這次朝廷發佈的上諭口氣更加嚴厲，「毋得再行瀆請」！

第二次大請願失敗後，代表仍未氣餒，他們通電各省：「務必再作第三次請願之舉，矢以百折不撓之心，持以萬夫莫拔之力，三續，四續，乃至十續，或可有望成功。」於是，他們便展開了規模更大的第三次國會請願活動。「國會請願同志會」經過討論形成三個決定：一是請願代表範圍繼續擴大：正式請願時，各府、廳、州、縣都派代表一至二人到京，近省至少一百人以上，遠省至少五十人以上；二是分發簽名冊，並約定各省徵集至少上百萬的簽名；三是交叉請願：

代表團向資政院請願，各省諮議局及各團體同時向資政院請願，各省諮議局及各團體再向各省督撫請願。

　　1910 年 7 月 1 日，留日學生千餘人在東京錦輝館舉行集會，聲援請願代表團，並表示要積極參加第三次國民大請願（看來留日學生支持立憲的也為數不少）。隨後，南洋、美洲和日本等地的華僑也紛紛致電支持請願活動，並相繼派出代表到北京以示支持。當時的各大報紙、雜誌也大造輿論，大力鼓吹速開國會的好處。一時間，「請願召開國會」成為當時最熱門的話題，全國各地也都形成了一股請願速開國會的熱潮。

　　1910 年 8 月 15 日，國會請願團召開會議，決定各省各團體代表在農曆八月前必須到達北京，9 月上書資政院，請開國會。另外，國會請願團向各省諮議局致電建議，國會召開之前不承認新租稅，各省諮議局開年會只討論一個議案，那就是速開國會案，目的不達到，各諮議局即行解散。不久，各代表便陸續抵達北京，連一向閉塞落後的甘肅也派出代表前往北京參與請願。更有甚者，山西代表到達北京時，在京的山西籍官員全體驅車乘轎，前往正陽門車站迎接本省代表，一時熱鬧非凡，轟動京師。

10月7日，請願代表團向資政院整隊出發時，奉天在京學生牛廣生、趙振清等十七人突然來到，他們交給請願代表一封信，表示「國家瓜分在即，非速開國會不能挽救，今第三次請願勢不能再如前之和平」。隨即牛廣生和趙振清兩人要「拔刀剖腹，以明心跡」，經過請願代表苦勸，兩人趁人不備，各從自己腿上和胳膊上割肉一塊，塗抹於請願書上，並高呼「中國萬歲」、「代表諸君萬歲！」隨後忍痛跟蹌而去。代表們亦淚流滿面，為之感動。10月22日，在民選議員的強烈要求下，資政院通過了速開國會案，隨後具摺上奏。

與前兩次請願不同的是，立憲派這次廣泛發動了社會各階層的民眾，並進行了聲勢浩大的請願簽名和遊行活動。10月5日，直隸各界人士一千多人在全國學界請願會會長溫世霖等人率領下，列隊前往直隸總督署請願，迫使直隸總督陳夔龍允為代奏；10日後，河南各界人士三千多人在開封游梁祠舉行請願簽名活動，隨後列隊到河南巡撫衙門請願，巡撫寶棻親自出來接見並答應代奏朝廷；10月23日，山西太原民眾一千多人集會，簽名支持請願活動，並前往巡撫衙門請願；同日，山西諮議局和國會請願同志會組織召開了上萬人的請願大會，當場簽名的就有五千多人，隨後列隊遊行到巡撫衙

門請願。

10 月 30 日，福建各界人士五千多人遊行到總督衙門請願，閩浙總督松壽接受了請願書；同日，四川國會請願同志會召開請願大會，到會者六千多人，並在諮議局議長蒲殿俊的率領下，大家列隊前往總督衙門請願，總督趙爾巽答應代為轉奏。在各省請願同志會的組織下，其他各省如湖北、湖南、江西、貴州等地的簽名請願活動都在如火如荼地開展中。特別是東北三省，請願活動開展尤為熱烈，當時奉天各地集會人數均在萬人以上，簽名者近三十萬。

諮議局這邊的請願活動也很順利，各省諮議局基本上都通過了呈請速開國會的議案，並組織好進京請願代表。在民眾的請願熱潮下，各省督撫也受其感染。10 月 25 日，由東三省總督錫良領銜，湖廣總督瑞澂、兩廣總督袁樹勳等十八個督撫及將軍都統聯名上奏，請求立即組織責任內閣，明年召開國會，以免人心沸騰。

各省實力派官員的表態，對立憲派發動的國會請願活動是極其有力的支持。在此情況下，清廷不得不做出讓步。1910 年 11 月 4 日，攝政王載灃宣佈將原定為九年的期限提前三年，改於宣統五年（1913 年）召開議院。對此，江浙等省

的立憲派則覺得朝廷已經讓步,不宜再行追逼。但部分請願人士感到不滿,他們認為沒有必要再等三年,特別是東三省的請願代表,更是堅決要求速開國會;12月2日,奉天省城學生數十人前往省諮議局面見議長和副議長,當場割股刺指寫血書,要求進行第四次請願活動。

但是,清廷不願意再行更改,隨後下令遣散請願代表,並強行將東三省代表押解回籍,還將直隸代表溫世霖找了個藉口發配新疆充軍,以殺雞儆猴。與此同時,清廷則命各省舉行歡慶活動,以表示對朝廷「五年立憲」決策的擁護。於是各地在官方的組織下,張燈結綵,軍樂隊開道,群眾和學生手提紅燈,高唱愛國歌,三呼萬歲,「慶祝國會」四個大字則隨處可見,一派欣欣向榮的景象。

不管怎麼說,在這場運動中,那些雪片般的請願書,蜂擁至京的請願代表,數百萬的民眾簽名,還有那些割臂、割股寫血書的壯舉,這一切的一切,都表明了這個古老帝國的民眾正在用全部的熱情和心血致力於促進一種大變革的發生。從這點來看,第三次國民大請願運動不僅可以與英國的大憲章運動相媲美,即使與後來的五四運動相比也毫不遜色。

但事情很快又突轉急下。按照修訂後的預備立憲規劃,

宣統三年（1911 年）最重要的事情便是組建責任內閣。1911
年 5 月 8 日，清廷裁撤舊內閣和軍機處，設立責任內閣。
在新發佈的內閣官制章程中，對新內閣的組織結構和職權作
了明確規定：內閣由國務大臣組成，國務大臣包括內閣總理
大臣一人，協理大臣一至二人，各部大臣共十人（外務、民
政、度支、學務、陸軍、海軍、司法、農工商、郵傳和理藩
院十部）。應該說，這種構架和當年袁世凱力爭的責任內閣基
本相似，在推進中國專制政治結構的轉型還是具有很大進步
意義的。

　　但是，載灃任用滿族親貴的禍端也在這次內閣名單上徹
底暴露。當時的內閣名單如下：總理大臣奕劻（宗室），協
理大臣那桐（滿）和徐世昌（漢），外務大臣梁敦彥（漢），
民政大臣肅親王善耆（宗室），度支大臣載澤（宗室），學務
大臣唐景崇（漢），陸軍大臣蔭昌（滿），海軍大臣載洵（宗
室），司法大臣紹昌（覺羅），農工商大臣溥倫（宗室），郵
傳大臣盛宣懷（漢），理藩大臣壽耆（宗室）。

　　內閣總共十三人，滿族即占到九人，其中皇族七人，漢
族竟然只有四人，舉國都為之譁然。立憲派本有兩個要求，
一個是速開國會，一個是責任內閣，但速開國會的要求被打

了折扣，而皇族內閣就更是讓那些立憲派至為的失望。因為在這個極為敏感的問題上，清廷在不經意間犯下的巨大錯誤，這等於是證明了革命黨人反清排滿和實行種族革命主張的正確性，這等於是在給革命黨人加分的愚蠢之舉。

梁啟超在第三次請願之前，說「現今之政治組織不改，不及三年，國必大亂，以至於亡，而宣統八年（1916年）召集國會為將來歷史上必無之事」。對於「皇族內閣」的出現，梁啟超更是憤懣至極，謂將來世界字典上決無復以「宣統五年（1913年）四字連屬成一名詞者」，「誠能並力以推翻此惡政府而改造一良政府，則一切可迎刃而解」。

一貫主張改良的梁啟超都這麼說了，那清朝剩下的日子可就指日可待了。但話說回來，清廷「五年立憲」也未免太速，回顧清廷覆滅後的近百年歷史，中國要想實現真正的憲政民主，即使路線圖劃定為五十年，也不為過。但最為可笑可歎的是，當時的人竟然連五年都等不了。由此，清末憲政的失敗和未來的憲政民主之路，其艱難可想而知。在過度狂熱的情緒下，中國選擇了更為艱難的一條路，這難道就是歷史的選擇抑或是中國人的宿命？

十四、利益糾葛：
　　　保路運動不太平

首條由中國人設計建造的京張鐵路通車了，這是通車典禮上的
南口茶會專車。但四川的鐵路直到建國前仍舊遙遙無期。

中國歷史上的第一條鐵路，是英國人在上海修建的淞
滬鐵路，於 1876 年 7 月建成通車。當時建造方為討好地方
當局，這條鐵路的火車頭分別命名為「天朝」號和「先鋒」

號，但這並不能打消那些清朝官吏們的疑慮。特別那冒著黑煙的蒸汽機車和發出巨大響聲的汽笛，立刻把那些封建士大夫們嚇得半死，他們以破壞祖宗成法為由，多方交涉，要求火車停運；而火車經過之處，那些農民也叫苦連天，他們看到這從來沒有見過的龐然大物橫穿田地，騷擾自己的家園乃至祖墳。當火車開過來的時候，這些愚民們更是被嚇得抱頭鼠竄。所有這一切，都是他們所難以容忍的。

淞滬鐵路通車後的第二個月，發生了一個事故：一個兵丁和火車搶道被撞死，這下把沿途士紳和愚民們的怒火全點燃了。在清朝官員和地方士紳的煽動下，沿途的民眾們衝進淞滬鐵路辦事處，搗毀了英國人的鐵路公司。騷亂既起，清廷也不能坐視不理，便高價將鐵路買下後全部拆除，最後將那些鐵軌等全部拋進了吳淞口外的江海之中。

「要想富，先修路」，甲午戰爭之後，國人民智漸開，也漸漸明白這「大鐵牛」原來也有很多的好處，而清廷也看到了鐵路在國防上的戰略意義，「拆毀鐵路是抵禦列強入侵」的觀念很快轉變為「修建鐵路是治內禦外之急務」的共識。

在清廷政策引導和鼓勵下，國內隨後便掀起了建設鐵路的高潮。最開始的時候，清廷制定的政策是「合股官辦」。

但由於當時民間資本和官方資金一時難以募集，而西方的財團則盯上了中國鐵路投資的黃金機會，因而當時修建的數條鐵路的資金主要來自於外國資本。但是，外國資本在修建鐵路的同時也控制了鐵路的管理權、用人權、稽核權和購料權等。更為嚴重的是，這些鐵路的借款合同往往規定，中方必須以全路產業作為抵押，如果到期不能還本付息，外方將把鐵路占為己有。

正因為「合股官辦」的模式存在路權喪失的種種弊端，清廷後來便也傾向於鼓勵民間集資，國人獨立建造鐵路的方式。特別在庚子之役後，「從洋人手中收回路權，由中國商紳集資，通過中國人自己的力量來建設鐵路」，幾乎成為全國上下的共識。1904 年，隨著經濟上的民族主義思潮的勃興，「拒外債、廢成約、收路自辦」成為全國士紳的鮮明口號，收回礦權和路權也成了國民的自覺運動，特別是知識界和工商界都為之大力鼓吹。

由此，中國人「不借洋債、自行築路」便也成為熱潮，各地商辦的鐵路公司也陸續成立，如廣東潮汕鐵路公司、湖南全省支路總公司、川漢鐵路有限公司等。但是，鐵路建設是一項週期較長的大投資，商辦鐵路往往修築多年仍未見成

效，或者後路未修，前路已壞。資金不足是商辦鐵路的最大問題，譬如廣東籌集股本一千四百萬兩，相當於廣東境內粵漢鐵路投資的一半；湖南籌集五百萬兩，不到粵漢鐵路湖南境內投資的五分之一；四川籌集一千六百萬兩，只相當於川漢鐵路西段（成都至宜昌）投資的六分之一。有人預測，如果當時的集資和建造速度，川漢鐵路至少需要近一百年才能通車。

另外，這幾個省為了集股，又設立米捐、房捐，甚至抽收租股（按畝收租股）、鹽股、茶股、土藥（鴉片）股，小戶、貧農也在所難免，徒增負擔。而鐵路公司職員的侵蝕挪用，更是常事。最為諷刺的是，四川在 1903 年成立了鐵路公司，尚未修一寸鐵路，幾年下來卻已支出一千多萬兩（其中還包括被經管人員所貪污挪用的兩百萬兩），賬目堆積如山，無法算清（四川在 1949 年前仍無鐵路）。如此商辦下去，粵漢、川漢鐵路通車不知要等到何年何月。

與此相對應的，借助外資修建的鐵路則大都資金充足，建設速度也快，如京漢鐵路、滬寧鐵路和汴洛鐵路三條長線陸續竣工，這和「奏辦多年，多無起色」的那些商辦鐵路形成了鮮明的對比。由於當時國內極度缺乏鐵路建設和管理人

才，因而在鐵路修建過程中外方派出這方面人才，這似乎也不為過，談不上有意控制中國路權。就這點而言，民族主義固然激越動聽，但在效果未必上佳。

在這種民族主義糾葛的背景下，清廷的決策就陷入了兩難境界：繼續商辦政策，則於鐵路修建的迫切要求和國家的長遠發展不利；但要舉借外債，實行鐵路幹線由國家建設的政策，雖然能夠以較快的速度完成鐵路建設，但卻必然遭到國內民眾的強烈反對，觸發強烈的民族主義情緒。

新上任的郵傳部尚書盛宣懷偏偏在一個不恰當的時間推出了一個稍欠妥當的政策，那就是在皇族內閣成立後的第二天，宣佈了「鐵路幹線國有」政策。按照這個國務院第一號令，宣統三年（1911 年）前所有集股商辦的幹線，必須由國家收回。

盛宣懷早年跟隨李鴻章辦理洋務，曾經辦理過輪船招商局、電報局和織布局等，一度還被張之洞聘請經理漢冶萍公司。後來，盛宣懷受命督辦鐵路總公司，也算是搞經濟建設的行家。後來，袁世凱勢力起來以後，他因與袁不和，其權力大都被奪。1906 年，鐵路總公司先後被唐紹儀和梁士詒主管，盛宣懷很是失意。直到後來袁世凱被趕下臺，盛宣懷才

得以復出，出任郵傳部尚書。盛宣懷上臺初始，便決定執行乾路國有政策，首當其衝的便是粵漢、川漢鐵路，並重新起用了前不久因照相問題被免職的端方為督辦大臣。

從道理上來說，鐵路乃國民經濟之命脈，民間修建和管理的確有不妥之處。盛部長經營鐵路建設多年，其想法不能說不對，只是做法也未免心急了點。他在宣佈政策不到半個月，便與英、法、德、美四國銀行團簽訂了巨額借款修路合同。

如果就合同本身而言，無論是利率、抵押條件還是經營管理權等方面來說，對中國方面都是相對有利的，譬如借款年利息為五釐，貸款期限為四十年，這在當時應屬於低利率的；以往的鐵路借款合同往往要以鐵路管理權或鐵路所有權作為抵押，這次則是以百貨雜類與鹽釐捐為抵押品，風險性要低得多；鐵路建造與管理的全部權力也歸中方所有，聘請的外國總工程師須聽命於中方督辦大臣。另外，合同還明確規定要優先使用中國工業產品與原材料，譬如鐵軌就必須使用中國漢陽鐵工廠自行製造的產品。

在這次的借款修路合同談判中，盛宣懷與四國銀行團代表磋商數月，雙方會談近二十次，可謂是煞費苦心，也確實

為中方爭取到很多之前未曾有過的權益。但是，在合同談判成功後，正在興頭上的盛宣懷卻犯了一個嚴重的錯誤，他明知此政策勢必引起反對，卻在上諭中宣稱「如有不顧大局，故意擾亂路政，煽惑抵抗，即照違制論」。盛宣懷的決定，對當時民情洶湧而政府威信喪失殆盡的情況完全考慮不足。

果然，消息傳出後，湖南、湖北、廣東等地千人集會，要求朝廷收回上諭，並聲稱「如有外人強事修築，則立即集全力抵抗，釀成巨禍亦在所不顧」（和如今招引外資投資內地的熱情度對比，國人觀念在百年間已是判若兩人）。不過，在湖南巡撫楊文鼎和湖廣總督瑞澂或軟或硬的手段下，加上保路會內部的分化，兩湖的保路運動也漸趨消沉。廣東的保路會雖然得以開展活動，但也未掀起大的波瀾。

但此時的四川卻風雲突變，掀起了更為猛烈的保路風潮。1911 年 5 月 16 日，川省鐵路公司緊急召開第一次股東大會，決定向四川總督王人文請願。王總督見群情洶湧，只得答應代為上奏，請求暫緩接收。不料奏章上去後，反遭到朝廷的斥責，說川路公司「虧倒鉅款，殃民誤國」，連王人文也被申飭。

當時的川省鐵路董事會實際上是由四川立憲派領袖蒲殿

俊等人控制，他們請願速開國會的要求被朝廷拒絕，而這次對於盛宣懷的「鐵路國有」政策更是極為的憤慨。按當時郵傳部的辦法，湖南湖北的路股照本發還，廣東路股發六成，其餘四成給無利股票，四川路股則只退還現存的七百餘萬兩。

對此辦法，川路股東拒不同意。6月17日，川漢鐵路股東、諮議局議員和各界代表成立「保路同志會」，要求將股本照數發還。對此，盛宣懷聲稱政府不能把從全國老百姓聚集到國庫的錢，用於補償民辦鐵路公司由於自己經營不善所造成的虧損（有近三百萬兩是因為經管人員在上海從事橡膠股票投機時虧空殆盡，事實上，川漢鐵路公司當時已經基本破產。用其內部人的話來說，是「以索還用款為歸宿，以反對國有為手段」）。如果要將已用之款和虧損之數照數發還，就必須要以川省財產為抵押再借外債，雙方無法達成妥協。

話說回來，盛宣懷拒絕由政府支付川路公司原先虧空的部分股資，雖說有一定道理。但是，政治決策不能斤斤計較於經濟利益，而更應該著眼於政治上的大局。可惜的是，盛宣懷的表現更像一個商人。就在雙方爭論不休的時候，盛宣懷和端方失去了耐心，8月中旬，他們派人強行接受了川漢鐵路宜昌至萬縣段工程。

消息傳開後，川民怒不可遏。在保路同志會的組織下，成都開始出現停課、罷市，百業停閉，交易全無。為了保證鬥爭的合法性，街頭出現一道奇景，市民、商人和紳士們頂著光緒皇帝的牌位，供以香火，旁邊則用大字寫著光緒皇帝曾經頒佈的上諭「川路仍歸商辦」，大家走上街頭，群情洶湧。很快，成都的罷課罷市之風傳到了四川各地後，發展成全省規模的抗糧抗捐，部分地區甚至發生搗毀巡警局的事件，局勢已在一步步走向失控。

清廷得知後極為震怒，將川督王人文罷免，調素有「屠夫」之名的趙爾豐即刻入川。但是，面對朝廷「嚴厲彈壓、毋任囂張」的朝旨和先帝亡靈的木牌，趙爾豐也是左右為難，進退失據。在一片茫然失措中，四川局勢並無絲毫的好轉，而此時的朝廷也已經對此失去耐心，督辦川漢鐵路大臣端方被命帶兵前往四川。

嚴令之下，趙爾豐則於 9 月 7 日在成都設法誘拘了保路運動的主要領導人物蒲殿俊、羅倫、張瀾等十餘人，查封了保路同志會和川路公司及相關的報刊，以試圖平息事態。不久，趙爾豐令貼出告示，命令「即速開市，守分營生，如若聚眾入署，格殺勿論」。

不料「格殺勿論」的恐嚇居然沒有生效，當天便有上千人手捧光緒皇帝的靈牌，將總督衙門團團圍住，要求釋放蒲殿俊等人。當時的總督衙門已成風口浪尖，激越的呼喊聲和人群的陣陣湧動，令荷槍實彈的總督衛隊都為之緊張得發抖冒汗。

此時的趙爾豐正在後堂，他也是焦慮萬分，但又束手無策。在掂量了許久之後，趙爾豐斷然下令：「開槍！」一時間，督署門口槍聲大作，請願人群一片驚慌和尖叫，頓時陷入混亂和血泊之中。隨後，趙爾豐又令馬隊出擊，徹底驅散人群，當時被踐踏者無計其數。

這就是震驚中外的「成都血案」。在這個血案裏，共有五十多名無辜百姓被槍殺或者踐踏而死，其中年紀最大的七十三歲，最小的只有十五歲。事後，這些死難者被誣為「亂黨」，卻發給恤銀——這些人等於是白死的。

血案之後，同盟會員龍鳴劍等人裁取木板上百塊，上書「趙爾豐先捕蒲、羅諸公，後剿四川各地，同志速起自救」等字，包上油紙後分投江中，用這種極具創造力的方式將消息傳遍四川，人稱「水電報」。各地的保路同志會聞訊後紛紛展開行動，成都附近的同志軍（以哥老會為主）甚至次日即

進攻成都。七八天后，各地逼近成都的起義軍達一二十萬之眾，將成都圍了個水泄不通。趙爾豐既要防內又要攻外，顧此失彼，狼狽不堪，陷入了人民的汪洋大海之中，只得急切通電求援。

面對四川的危局，清廷對趙爾豐也失去了信心，隨後便決定飭派鄂、湘等六省援軍赴川。同時，清廷還催令端方迅速啟程西上，並起用曾任川督的岑春煊入川會同辦理剿撫事宜。但是，其他的官員對控制四川危局和清廷也同樣失去了信心。後來被責令入川的端方和岑春煊都延宕不前，不願去蹚四川這趟渾水。趙爾豐無奈之下，將蒲殿俊等人全部釋放，但也不足以挽回敗局。

9月25日，同盟會員吳玉章等人奪取榮縣宣佈獨立；10月10日，武昌起義爆發，正式拉開了辛亥革命的大幕，10月26日，清廷將「誤國首惡」盛宣懷即行革職，永不敘用；11月28日，被清廷委任為署理四川總督的端方在入川途中被殺；12月22日，成都血案的製造者趙爾豐被成都軍政府正法。

王朝的末期，歷史總是充滿了諷刺，就像熊市裏利好也會被當成利空來炒作。事實上，保路運動是一種經濟民族主義與愛國道義乃至地方利益集團私利的一個混雜物，這種抗

爭並不能簡單地理解為愛國主義。

可笑的是，盛宣懷的「鐵路國有」政策本無大錯，卻由此引發保路運動，進而導致清王朝的覆滅，這大概也是一件始料未及的事情。民國建立後，孫中山也曾計畫向外國借款進行他的「鐵路大計畫」（甚至打算給予洋人全部築路權與經營權），這時卻沒有人來斥責孫先生的這一「賣國」計畫。

更為可笑的是，就在清朝覆滅不過一年多後，民國交通部便再次提出將商辦鐵路收為國有的政策。儘管交通部所提出的基本辦法與清廷政策幾乎如出一轍，但這次地方士紳們卻不再高呼「路亡國亡」的口號，他們此刻似乎已經有了自知之明並答應按照前清的補償方案進行。可惜的是，民國政府並沒有足夠的資金來換取商辦鐵路股民們手中的股票，他們當時採取的是折給債票等形式，實際上是用一些無法兌現的空頭支票從股民們的手中收回了路權。而到了後來，由於民國政府如走馬燈般的更換，歸還股民資金的問題也就一再拖延，最後乾脆就不了了之。

有時候，歷史真的是讓人啼笑皆非、哭笑不得，當年那些激憤的參與保路運動的川民們，如果他們知道在未來的四十年中四川都不會有鐵路，不知會作何感想？

十五、偶然必然：
小排長葬送了大清朝

張之洞治下的湖北兵工廠。湖北是清末新政的佼佼者，卻成為了革命的發源地。

1911 年 9 月 14 日，武昌楚望樓十號來了一批年輕人，這便是當時武漢的兩個革命團體共進會和文學社的主要成員。

由於當時四川保路運動已經是風起雲湧，革命形勢大有席捲全國之勢，這兩派人在接觸了幾次後，便決定召開聯席會議，進行積極合作。

共進會是當時同盟會分化而來的週邊組織。當時由於同盟會東京總部鬧不團結，而孫中山、黃興等人則以南洋為基礎，專事西南起義又屢不得手。對此，一些長江中游數省的同盟會員湖北劉公、湖南焦達峰、江西鄧文翬等人便認為，同盟會不重視在長江流域的起義，因而倡議另行組織一個革命團體，這便是 1907 年 8 月在日本東京成立的共進會。共進會制定紅底十八星軍旗，自稱為同盟會的「行動隊」，準備在長江中游伺機起事。

1908 年冬，共進會員孫武和焦達峰等人先後返回國內，並於次年在武漢和長沙分別設立共進會湖北分會和湖南分會，積極發動會黨，組織革命力量。與此同時，江西共進會也在原有的反清小團體易知社的基礎上，由鄧文翬的主持下秘密發展。在 1909 至 1910 年間，孫武等人發現會黨紀律散漫，不受控制，依靠他們舉事難以成功，於是便將聯絡的重點轉向了新軍。

事實上，在當時的新軍中已經有個類似的革命團體，這

便是文學社。文學社其實和文學根本搭不上邊，它是由同盟會員在新軍士兵中發展出來的一個革命組織，原名群治學社，後來改為振武學社，由於活動被發現，最後改名為文學社，以掩人耳目。文學社以蔣翊武、劉復基等人為骨幹力量，他們在湖北新軍中發展了三千多人，比共進會還有多一倍。這兩個組織發展的力量已經占到了湖北新軍的近三分之一，革命條件非常有利。

　　由於四川的局勢並無好轉的跡象，清廷令端方督率鄂軍迅速入川，而部分湖北新軍也準備調防漢陽、漢口和市外他縣。在此情況下，1911 年 9 月 24 日，共進會和文學社在武昌胭脂巷再度舉行聯席會議，決定推舉蔣翊武為軍事總指揮，孫武為軍務部長，在 10 月 6 日（也就是農曆中秋節）那天發動起義。

　　會議過後，「八月十五殺韃子」的消息在當地不脛而走，當地一份小報甚至公然宣稱革命黨要在中秋起事。消息傳開後，湖廣總督瑞澂十分驚恐，他深知革命黨勢力早已深入新軍隊伍，於是便以調防為名，將他認為有問題的新軍分調各處，以拆散革命黨在部隊中的組織關係。特別在中秋前的幾天，瑞澂更是緊張不安，他特意召集文官知縣以上、武官隊

長以上參加防務會議，要求軍隊提前過中秋節，並於節日期間實行戒嚴，士兵不得外出，子彈一律入庫。

8月15的中秋節，桂花飄香，皎月懸空。武昌城內，不但沒有想像中的喧囂和暴動，反是格外的寧靜與安詳。原來，湖南革命黨人焦達峰9月28日發來電報，聲稱準備不足，請求延緩十日起義。而由於軍隊調防，起義指揮系統等也需要臨時調整，於是孫武等人便決定將起義日期推遲到10月16日。

在過完了極度緊張的中秋節後，湖廣總督瑞澂剛把懸起的心放下，但幾天後漢口租界的一聲爆炸，立刻又掀起了波瀾。原來，10月9日下午，孫武等人在租界寶善里安裝炸彈、籌畫準備工作時，有人不慎將紙煙火屑彈入火藥中引發爆炸，屋內頓時烈火熊熊、濃煙滾滾。孫武臉部當下被燒成重傷，被趕緊送往醫院救治。正忙亂間，俄租界巡捕聞訊趕來，將尚未撤離的劉同等人抓獲，並查抄了室內為起義準備的旗幟、文告和革命黨人花名冊等重要文件。隨後，俄租界巡警便將劉同等人和查獲物品一同移交給清方。

這可是個大案子。瑞澂一聲令下，武漢全城戒嚴，軍警四出，按照花名冊搜捕革命黨人。在這危急時刻，被調防岳

州的蔣翊武匆匆趕回了武昌，並召集劉復基、彭楚藩等人在武昌小朝街八十五號開了一個緊急會議。會上，大家一致同意立即舉行起義。當天下午，蔣翊武便簽發起義命令，令當晚 12 點以南湖炮隊鳴炮為號，城內外同時舉義。

但不幸的是，由於城內戒備森嚴，命令並沒有及時的送到南湖炮隊。這樣，午夜 12 點到了，大家仰望星空，但都沒有等到期待已久的那一聲炮響。在大家焦急等待的時候，軍警們已經搜查到小朝街八十五號，蔣翊武僥倖逃脫，而劉復基、彭楚藩、楊宏勝等十來個人被堵了個嚴嚴實實。抓到這些革命黨後，瑞澂下令連夜突審，劉復基、彭楚藩、楊宏勝三人在淩晨便被害於督署東轅門。

10 月 10 日上午，軍警們依舊在大街小巷四處搜查，革命黨人的據點相繼被抄，又有三十多名革命黨人陸續被捕。而這時的湖廣總督瑞澂自以為大案告破，局勢已定，他得意地電告朝廷請功，說：「傳革命黨有撲攻督署之謠，瑞澂不為所動，一意鎮定處之。張彪、鐵忠等各員，無不忠誠奮發，俾得弭患于初萌，定亂於俄頃。」

不過，瑞澂也未免高興得太早了。就在當晚，城內突然一聲槍響，頓時劃破了原本寧靜的夜晚。槍聲來自於城內

紫陽橋南的工程第八營。在得知劉復基等領導人遇害、革命黨人相繼被抓的消息後，第八營的起義召集人熊秉坤心急如焚，最後決定不再等待那南湖的炮聲，而是約集同營的革命士兵當晚立即起事，不再拖延。

　　就這樣，在革命黨領導人缺位和指揮系統完全被破壞的情況下，那些革命士兵主動站了出來，並承擔了發動起義的責任。就在當晚7點多的時候，工程營中的排長陶啟勝查棚時發現士兵金兆龍臂纏白巾，手持步槍，似有枕戈待旦之勢。於是陶排長便懷疑其圖謀不軌，意圖造反，上前要繳金兆龍的槍。金兆龍在與其揪鬥時大呼「同志動手！」於是同棚的士兵程定國趕來相助，並用槍擊傷陶排長的腰部。這便是武昌起義的第一槍，也是辛亥革命的第一槍。這一槍，宣告大清王朝的即將落幕——從偶然性決定歷史的角度來說，陶排長可能萬萬沒有想到，這兩百六十多年的清王朝居然被他這個小排長的貿然行動給葬送了。

　　陶排長被擊傷後負痛逃走就不說了。槍聲一響，熊秉坤等人立刻趕到，於是便當機立斷，宣佈起義。在他的召集下，革命士兵迅速行動，督隊官阮榮發、右隊官黃坤榮和排長張文瀾等人見勢不妙，慌忙出營阻攔，士兵們嚷嚷道：「各

位長官，跟我們一塊革命罷，同去同去！」阮、黃等人還沒有摸清形勢，居然大聲喝阻，可憐話還沒有說完，槍彈已鑽入他們胸膛。於是士兵衝出營外，凡阻擋的一律請他吃槍子。

到了楚望台軍械所那邊，還有數十個旗兵攔阻。不料軍械所裏也有革命士兵，他們聽到動靜後，裏應外合，一陣排槍便將旗兵們打得無影無蹤。於是士兵們打開軍械所，迅速分發武器彈藥。當時趕到楚望台的革命士兵大約有四百多人，由於熊秉坤軍階太低（相當於副班長），難以指揮服眾，所幸他胸懷全局，欣然順應了士兵要求，公推隊官（相當於連長）吳兆麟來充當臨時總指揮。吳兆麟原本是日知會會員，日知會被摧毀後便沒有參加任何革命組織，但也算是老革命。而且，吳兆麟做事幹練，有一定的指揮能力，他受命後一邊加強楚望台一帶的警戒，一邊派人與城內外其他革命部隊聯繫，以便統一行動。

夜漸深沉，但形勢發展卻向著革命黨人的這一邊發展。幾乎在陶排長被挨一槍的同時，武昌城外的塘角也突然燃起了熊熊大火。原來，和熊秉坤等一樣，駐守在城外塘角的混成協輜重營士兵也相約當晚發動起義。晚上 7 點後，革命士兵李鵬升等人用洋油燈點燃了堆積的馬草，宣佈起義。

　　熊熊的大火，清脆的槍聲，駐守武昌的新軍各兵營立刻沸騰了，革命士兵們紛紛衝出自己的營房，他們本能地向槍械所、炮臺、制高點衝去。當時的十九標（相當於團）、三十標離最早發難的工程營最近，革命士兵分別由代表蔡濟民、彭紀麟率領，直奔楚望台。臨近的測繪學堂學員聽到槍聲後也迅速整隊奔赴楚望台，加上駐紮左旗營房的第三十一標和第四十一標的部分士兵，楚望台已經成為當時革命的制高點。

　　而在城外的塘角那邊，大火燃起之後，輜重營、工程隊和炮隊十一營的士兵紛紛回應，他們迅速進城攻佔了鳳凰山高地，而另外一些士兵則前往楚望台接應。同時，城南的南湖炮隊第八標宣佈起義，他們在工程營的接應下順利進城，隨即在楚望台和蛇山等高處佈置炮陣。南湖炮隊舉義以後，附近的第三十二標和馬隊第八標也回應革命，他們也紛紛行動，彙集到楚望台、蛇山、鳳凰山等地，集體行動。

　　新軍士兵的起義可不同孫中山和黃興那些人組織的會黨及學生起事，他們都是軍事專業人士，一旦動起來可就是非同小可了。當時陸續參加起義的革命軍已經達到近四千人，而清軍的兵力也不過五千人。更重要的是，革命軍都集中了兵力，而真正和革命軍對抗的只有守衛督署及其附近的第八

鎮司令部約兩千清兵。因此，無論是人數上還是士氣上，革命軍都佔據優勢。

　　當晚 11 點後，革命軍在蛇山炮兵的有力支援下，向總督署連續發起了三次猛烈的進攻，終於在凌晨兩點攻佔了第八鎮司令部。瑞澂見勢不妙，慌忙帶領衛隊逃往江上的「楚豫」艦，而鄂軍提督、第八鎮統制張彪見大勢已去，只得率領殘兵敗將撤往漢口劉家廟。

　　當清晨的第一縷日光灑落在昔日威武的督署轅門時，這裏已經成為了革命士兵的佔領地。在這天上午，那位自詡「不動聲色」的總督大人和「忠誠奮發」的統制大人早已逃之夭夭，而剩下的那些布政使、提法使、武昌知府等大小官員，都很面無表情地逃離了他們職守的衙門，並無一人反抗或者殉節。這對於大清王朝來說，是何等的悲涼啊！

　　當日上午 11 點，在雄踞武昌城的蛇山之巔，飄起了一面紅底十八星的大旗，它宣告了一個舊官府的死亡，也同時宣告了一個新政權的成立。

　　但是，由於當時起義的領導人大都遇害或者下落不明，參加革命的士兵又缺乏威望，由誰來出面組織新政府便成了最緊迫的問題。他們首先找來的是湖北諮議局的議員們，並

準備公推議長湯化龍作為軍政府都督。湯化龍雖然表示贊成革命，但卻自稱非軍人，以「不知用兵」的藉口加以推脫。大家想來想去，便想到了一個人。

這便是湖北新軍中地位僅次於統制（師長）張彪的協統（旅長）黎元洪。說來有趣，黎元洪原本是海軍出身，他1883年畢業於天津北洋水師學堂，1894年隨同「廣甲」艦參加了中日黃海大戰，艦毀後黎元洪落水獲救。戰爭結束後，北洋海軍的軍官一律被斥革，後來黎元洪投奔了張之洞，參與修建炮臺和訓練新軍，並曾三次赴日考察軍事，後任陸軍第二十一混成協統領。黎元洪本是舊派軍官，在編練新軍中多次鎮壓革命活動，並曾親手殺害起義士兵。武昌起義時，他自知情況不妙，躲到了幕友劉文吉家中。

正當黎元洪驚魂未定的時候，門口突然傳來一陣喧嘩，革命士兵找來了。情急之下，黎元洪躲進了床底，但最終還是被拽了出來。在吳兆麟等人的簇擁下，黎元洪無可奈何地來到諮議局。但他得知革命士兵要他當軍政府都督的時候，他驚慌地連道：「莫害我！莫害我！」死活不肯在安民告示上簽字。革命士兵一怒之下，自己拿筆代黎元洪簽上了他的大名。於是，「黎都督」之名在武昌城不脛而走。

12 日，漢口和漢陽先後光復，武漢三鎮全部落入革命軍之手。在革命形勢一片大好的情況下，黎元洪的態度突然來個一百八十度大轉彎，突然表示：「自此以後，我便是軍政府之一人，願與諸君共生死。」而諮議局的湯化龍等人異常活躍，他們和黎元洪頻頻商議，對軍政府的組合問題進行了精心設立。在 17 日「祭天大典」宣佈後的軍政府名單中，除了孫武出任軍務部長，其他六部均為黎元洪的部屬和湯化龍的親信。革命士兵的起義成果被他們輕易的掠奪了。

　　歷史上的事，本來都是偶然中有必然，必然中有偶然，但歸根結底，卻是偶然性在起作用。時下的觀點，大多數認為辛亥革命因武昌起義而起，然而武昌起義何嘗不是一種極大的偶然。就好比當時享有盛譽的偉人孫中山，此刻的他身在美國，直到三天后才得知武昌起義的消息，當時還並沒有十分嚴肅地對待此次舉義呢。

十五、偶然必然：小排長葬送了大清朝

十六、政權軟化：
東南互保與清廷的分崩離析

　　王樹增先生曾在其著作《1901》裏說，庚子年「當帝國的整個北方都已經混亂到不可收拾的地步的時候，帝國的南方卻是另外一番寧靜和平的景象，仿佛中華帝國此時為南北兩個不同的國家」。

　　庚子年的事件本屬荒唐，唯獨南方的「東南互保」尚屬清醒之舉。當義和拳在北方鬧得不可開交、慈禧太后屢出昏招的時候，接近一半的地方大員公開指責朝廷聖旨「謬誤」並堅決表示不予執行，這樣的事情在幾千年的中國歷史上，絕對是史無前例的一次大意外。

兩江總督劉坤一

湖廣總督張之洞

南方各省的那些督撫們，大都是飽受傳統儒家文化薰陶的士大夫，他們早已從心眼裏斷然否認了北京當權派們對義和團的稱頌。其實這也算不上什麼高明，只不過從側面證明了當時的北京那些當權派們實在是過於的昏聵和糊塗。

庚子年 6 月，慈禧太后發佈宣戰詔書後，通電全國，要求地方籌款調兵，勤王抗敵，共渡難關。這時，時任大清電報局督辦的盛宣懷，他由於職務關係，最先看到了朝廷指示南方各省大員「召集義民」的命令。令人吃驚的是，盛宣懷竟然把朝廷的電報給扣押了下來，隨後立即給被貶到廣東做總督的李鴻章發了電報。

盛宣懷給李鴻章的電報裏說：「千萬秘密。廿三署文，勒限各使出京，至今無信，各國咸來問訊。以一敵眾，理屈勢窮。俄已據榆關，日本萬餘人已出廣島，英法德亦必發兵。瓦解即在目前，已無挽救之法。初十以後，朝政皆為拳匪把持，文告恐有非兩宮所出者，將來必如咸豐十一年故事，乃能了事。今為疆臣計，各省集義團禦侮，必同歸於盡。欲全東南以保宗社，諸大帥須以權宜應之，以定各國之心，仍不背廿四旨，各督撫聯絡一氣，以保疆土。乞裁示，速定辦法。」

盛宣懷電報的大概意思，是說朝政可能被人把持，所出的文告未必真實，南方各省督撫最好權衡一二，力圖保住各自的疆土安定。李鴻章在接到電報後沉思再三，最後毅然復電說：「此亂命也，粵不奉詔。」

　　「亂命」，是李鴻章精心選擇的一個政治術語，把朝廷之「旨」定為不真實的「偽詔亂命」，這就不能算反叛。南方的其他官員顯然還沒有如此大膽，敢於這樣不加掩飾地與朝廷分庭抗禮。

　　自古以來，帝國的官場決不允許抗旨，朝廷之令即使再荒謬不堪，也必須不折不扣地完成。當時李鴻章雖然被排擠到了廣東做總督，但在地方上仍舊有很大威望。清廷通令抗敵，東南各督撫們摸不準方向，李鴻章這個表態大大激勵了南方其他的官員們，決心將南方的半壁江山聯合在一起，抗旨自保。雖然在後來的很長時期裏，這些大臣被痛斥為「出賣民族利益的無恥之徒」，但不可否認的是，在庚子年的巨禍中，我們這個古老帝國半壁江山的穩定，這些人是有貢獻的。

　　預言家並不僅僅是李鴻章一人。《庚子國變記》中記載，「兩廣總督李鴻章、兩江總督劉坤一、湖廣總督張之洞、四川總督奎俊、閩浙總督許應騤、福州將軍善聯、巡閱長江李秉

衡、江蘇巡撫鹿傳霖、安徽巡撫王之春、湖北巡撫于蔭霖、湖南巡撫俞廉三、廣東巡撫德壽合奏，言：『亂民不可用，邪術不可信，兵端不可開。』其言至痛切。山東巡撫袁世凱，亦極言朝廷縱亂民，至舉國以聽之，譬若奉驕子，禍不忍言矣。」東南督撫們的觀點和李鴻章一致：北京的當權派們必敗無疑。具有諷刺意義的是，在北方義和團農民造反的同時，南方的士大夫們也用他們獨特的方式造了一回反。

事實是，倘若東南各省不抗命，江南的半壁江山恐怕也要陷於戰火之中。當時各列強對南方覬覦已久，北京事亂之時，英國已經揚言要佔領江陰炮臺、江南造船廠和整個吳淞地區。兩江總督劉坤一得報後，急忙請求美國人從中斡旋，並調兵遣將以示堅決抵抗，英國人這才知難而退。

湖廣總督張之洞也不敢怠慢，他一再堅拒英國進入長江的企圖。張之洞告訴英國人，湖北已添重兵，並要求各州縣禁止傳播謠言，並全力捉拿匪徒，如果敢有故意生事的，立即正法，所有的外國商人和傳教士，當地政府一定盡力保護。

張之洞還說，長江以內，無論上下游，有我與劉坤一（兩江總督）兩人，一定全力行使保護之責，請英國放心。如果英國軍艦強行進入長江，民間反而會驚擾生事。再說，其

他各國也像英國一樣的話，恐怕對英國不利。況且，吳淞口外英國軍艦最多，英艦要是不進長江的話，其他國家也沒有道理進入。

張之洞的「以夷制夷」之法，運用得相當純熟，而這個事件其實只是「東南互保」的發端。所謂「互保」，簡單說就是：南方督撫絕不支援義和團滅洋之舉動，不奉北京政府對各國的宣戰之詔，並且努力保護洋人在華的安全和利益。作為交換，洋人不得在南方各省進行軍事活動和其他過激行為。

6月26日，在劉坤一、張之洞等人的支持下，由盛宣懷從中牽線策劃，上海道余聯沅與各國駐滬領事商定了「保護東南章程九款」：

一、上海租界歸各國共同保護，長江及蘇杭內地均歸各督撫保護，兩不相擾，以保全中外商民人命產業為主。

二、上海租界共同保護章程，已另立條款。

三、長江及蘇杭內地各國商民教士產業，均歸南洋大臣劉、兩湖總督張，允認真切實保護，並移知各省督撫及嚴飭各該文武官員一律認真保證。現已出示禁止謠言，嚴拿匪徒。

四、長江內地中國兵力已足使地方安靜，各口岸已有的
　　外國兵輪者仍照常停泊，惟須約束人等水手不可
　　登岸。

五、各國以後如不待中國督撫商允，竟至多派兵輪駛入
　　長江等處，以致百姓懷疑，藉端啟釁，毀壞洋商教
　　士的人命產業，事後中國不認賠償。

六、吳淞及長江各炮臺，各國兵輪不可近台停泊，及緊
　　對炮臺之處，兵輪水手不可在炮臺附近地方操練，
　　彼此免致誤犯。

七、上海製造局、火藥局一帶，各國允兵勿往游弋駐
　　泊，及派洋兵巡捕前往，以期各不相擾。此軍火專
　　為防剿長江內地土匪，保護中外商民之用，設有督
　　巡提用，各國毋庸驚疑。

八、內地如有各國洋教士及遊歷洋人，遇偏僻未經設防
　　地方，切勿冒險前往。

九、凡租界內一切設法防護之事，均須安靜辦理，切勿
　　張惶，以搖人心。

　　這便是歷史上通常說的「東南互保」。簡而言之，「東南
互保」的主要內容便是：規定上海租界歸各國共同保護，長

江及蘇杭內地均歸各省督撫保護；東南各地方政府不奉行宣戰詔令，列強也不得在東南地區啟釁。東南督撫們的舉措，也得到了兩廣總督李鴻章、山東巡撫袁世凱等人的支持。

據稱，東南各省督撫甚至暗中約定，如果北京失守，兩宮不測，他們將推選李鴻章做總統以支撐危局（孫中山先生也曾提出同樣的建議）。只是，後來北京雖然淪陷，但慈禧太后逃至西安，權威尚在，這個提議也就壽終正寢。儘管如此，「東南互保」對清廷來說無疑是一種變相獨立，這也反映了當時清廷岌岌可危的地位和中央政權不斷軟化的趨勢。

在 1908 年慈禧太后去世、攝政王載灃上臺後，清廷的威信更是急劇下滑，「外重內輕」的格局得到進一步強化。為了加強對各省軍隊的控制，載灃將軍權收歸軍諮處，由其三兄弟掌握，但此舉導致一個嚴重的後果，那就是在削弱地方督撫權力的同時，也削弱了督撫對各省新軍的控制。

武昌起義後，清末二十五萬新軍中至少有三分之一參加了反清革命。清廷編練新軍本意是保衛政權，不料新軍竟然反戈一擊，加速了清王朝的覆滅。這看起來有點黑色幽默，卻道破了歷史的真諦，所謂「槍桿子裏出政權」，誠哉斯言。

1911 年 10 月 22 日，正當湖北的革命軍在和清軍激戰正

酣的時候，湖南新軍起義回應。在革命黨焦達峰等人的策劃下，湖南新軍第四十九標率先發難，幾乎沒有受到像樣一點的抵抗，便已經佔領了巡撫衙門。且說這些革命士兵尚未到達巡撫衙門，便遠遠看到院內豎了根大旗杆，旗杆上飄著個大白旗，走進一看，上面寫著「大漢」兩字。原來，巡撫余誠格早已逃之夭夭，特樹一旗表示誠意。於是，湖南的革命除放了三聲信號槍外，便已是兵不血刃，順利光復了長沙。革命成功後，湖南便推焦達峰為都督，陳作新為副都督，建立了湖南軍政府。

就在湖南起義的同一天，陝西西安的革命黨也宣告舉事。當時西安將軍文瑞和護理巡撫錢能訓自知新軍不可靠，便準備將其調出西安，以分散其兵力。不料消息走漏，革命黨反先行一步，逼得文瑞投井自殺，錢能訓舉槍自傷。當時發難的指揮，分別是管帶張鳳翽和張益謙，兩人都是日本士官學校畢業生，又加入了同盟會，由此一呼百應，自然革命成功。西安光復以後，張鳳翽和張益謙兩人便被推為正副兩統領。

陝西革命黨起事的後一日，也即是 10 月 23 日，江西九江新軍便宣告獨立，將九江知府朴良趕走，公推標統馬毓寶

為都督。這九江一獨立，省城南昌便受波及，不過一周，革命黨人便衝進南昌，把巡撫衙門占了，原巡撫馮汝騤又羞又憤，竟然吞金自殺，成為漢人官僚中為清朝殉節的第一人，實在是可悲可歎。

就在九江獨立後的第二天，革命黨人又將新任廣州將軍鳳山給炸死。看來，這廣州將軍的位置真不吉祥，前任將軍孚琦被革命黨刺殺於街上，而鳳山這次乘船南下接任，剛剛登岸進城，還沒來得及施展官威，便聽「轟」的一聲，鳳山連人帶轎，一起被炸得粉碎。據說，當時有一名叫陳軍雄的革命黨同時炸死，其餘人等見已得手，便迅速散去。那廣東一向就是革命形勢一片大好，兩廣總督張鳴岐也知朝不保夕，只得於11月9日接受地方士紳「和平獨立」的要求，不料當眾人推舉他做都督的時候，他假意接受，隨後便逃到了租界。沒奈何，只得將革命黨胡漢民從香港請來做廣東都督。胡漢民一來，革命黨人便也蜂擁而至，朱執信、廖仲愷、陳炯明等全部齊聚廣州，連伍廷芳也做了外交部長。

陝西革命後，鄰省的山西革命黨也躍躍欲試。山西巡撫陸鐘琦和新軍協統譚振德心中恐慌，正待設防，革命黨已經發動起義。10月29日，山西新軍發難，迅速攻佔了巡撫

十六、政權軟化：東南互保與清廷的分崩離析

衙門，並將巡撫陸鐘琦與協統譚振德當場擊斃，太原宣告光復。隨後，山西各界代表在諮議局開會，公推標統閻錫山為山西都督，竟然成就了老閻近三十年的山西土皇帝。

接下來宣佈革命的是雲南。10月30日，一貫傾向革命的新軍協統蔡鍔和革命黨人唐繼堯等人經過多次密謀後發動起義，隨後同總督李經羲和十九鎮統制鐘麟同的清兵展開激戰，最終將鐘麟同擊斃並俘獲了李經羲，昆明光復。雲南獨立後，蔡鍔當上了雲南軍知府的都督。

再說那浙江巡撫增韞見各省紛紛獨立，心裏也是愁灼萬分，每日都要召開官紳會議討論，偏偏那些紳士每日以「獨立」為請，增韞聽了連連搖頭，紳士們見狀也只好默默退走。大家想，這浙江本就是革命黨活動頻繁之地，光復會、同盟會都在四處活動，他們見武昌首義成功，自己哪能無動於衷？當時便有陳其美等人在左右策劃，要到杭州和上海同時舉事，把場面鬧騰大點。不料尚未準備妥當，上海的革命黨便率先發難，浙江的革命黨一聽，黨人不甘落於人後，便於次日組織了敢死隊揣了炸彈，摸近巡撫衙門後，便闖入大門扔炸彈。這炸彈一響，革命黨便紛紛衝進署門，那巡撫的衛隊竟然不敢抵抗，個個目瞪口呆，急得巡撫增韞只得往馬

廄裏藏身。不巧革命黨眼明手快，給逮了個正著。可憐增巡撫被一把抓住，所幸沒有要他的命，只是拖到福建會館幽禁了事。至於杭州將軍德濟，開始尚且不肯服軟，兩邊正要開炮相鬥，幸有當地紳士潛入清營，好說歹說，才兩下談和，免得生靈塗炭。於是德濟、增韞等人被禮送處境，杭州便告光復。隨後，浙江成立軍政府，推立憲派首領湯壽潛為都督。

本來杭州上海兩地的起義都是由陳其美來組織，不料 11 月 3 日閘北巡警率先發難，宣告閘北光復。隨即商團武裝又在南市起事，上海道台劉燕翼和知縣田寶榮被夾在中間，只得倉皇逃往租界保命要緊。隨後，陳其美率領革命黨攻打最後一個堡壘江南製造局，那總辦張士衍尚在裏邊負隅頑抗，一時久攻不下，陳其美發燥，便隻身前往勸降，不料反被其扣下。直到次日淩晨，在援軍和局內工人的配合下，製造局被攻克，張總辦逃之夭夭，陳其美重新獲釋。11 月 4 日，上海宣告光復，陳其美當上了上海都督。

就在上海舉義的同一天，貴州革命黨人也率兵攻打貴陽城。早在數日前，諮議局的議員們便勸告巡撫沈瑜慶反正，沈巡撫不聽。11 月 3 日，革命軍打進城來，沈瑜慶見大勢已去，只得拱手交出政權，宣佈下臺。最開始的時候，貴州是

由當地的自治學社革命黨控制，後來因為派系相爭，雲南的唐繼堯率滇軍進入，遂由唐繼堯當了貴州都督。

武昌首義不到一個月，各省便紛紛響應，那些尚未光復的巡撫也如熱鍋上的螞蟻，坐立不安，最後有兩個省的巡撫一狠心，也宣佈獨立，參加革命，這便是廣西與安徽兩省。那廣西巡撫沈秉堃見梧州已經先行獨立，也知事不可為，只得接受革命黨和立憲派的建議，宣佈獨立，咸與革命，至少沈秉堃還落了個都督幹幹，可惜沒多久便被副都督、革命黨人陸榮廷給擠走了。

安徽的革命相對複雜一點。開始的時候革命黨在安慶密謀起事，後來因為指揮不當，起義竟然無疾而終，是當時革命中比較少見的。但安徽其他地方沒有消停，合肥、蕪湖等地相繼宣告獨立。安徽巡撫朱家寶見此情況，只得在省城安慶也宣佈獨立，並自任都督。不料此舉遭到了革命黨人的強烈反對，他們不准朱巡撫自行革命，於是便在 11 月 11 日宣佈重新獨立，並以王天培為都督。後來朱家寶有煽動巡防營鬧事，奪回軍政大權。革命黨人大憤，向九江軍政府求援。於是李烈鈞便派兵進入安慶收拾殘局，最後由革命黨人孫毓筠出任安徽都督。

江蘇巡撫程德全的反正是最為搞笑的。11月4日晚，起義成功的革命黨派出五十人的小分隊前往蘇州策反新軍，次日新軍和革命黨便進入蘇州，佔領了各大衙門，要求程德全宣佈獨立。一向謹小慎微的程德全倒還算鎮定，說：「值此無可奈何之際，此舉未始不贊成。」便順應了革命。為表示革命的誠意，程德全特命人用大竹竿將巡撫衙門大堂上的簷片挑去幾片。在大瓦片哐噹落地聲中，江蘇也宣佈進入了革命陣營，程德全昨天還是大清的江蘇巡撫，一眨眼便成立江蘇軍知府的都督。

　　在龍旗頻頻落地中，也有反抗頗為激烈的，譬如在福建。福建本來革命基礎尚好，當時革命黨人彭壽松從日本回來後，爭取到福建新軍協統許崇智等人的支持，於是便決定在11月12日起義。11月8日，福建諮議局議員勸告閩浙總督松壽交出政權，但松壽腦子不開化，偏要頑抗到底。受此刺激，革命黨當天晚上便發動起義，那松壽也組織了旗兵拼死抵抗，雙方竟然激戰了一個晚上。最後，革命黨和新軍擊潰旗兵，松壽見大勢已去，吞金自殺，福州將軍被擊斃。於是，福建便也落入了革命黨人的手中。

　　引發眾多革命的四川，倒反晚於其他省份獨立。11月

22 日，重慶首先宣佈獨立，隨後其他各府、州、縣才陸續獨立，唯獨剩下個省城成都被革命包圍著。11 月 26 日，新授四川總督的端方在入川途中被他帶領的湖北新軍士兵所殺。端方本是滿人中最為開明且有才幹的官員，並無惡行，值此反滿風潮，也是可憐被冤殺，白白糟蹋了一個棟樑之才。趙爾豐在端方被殺的次日宣佈反正，並以蒲殿俊為都督，而他本人未及逃走，後被革命軍正法。

如此一來，南方各省便都已宣告獨立。隨之而來的，長江上的十多隻海軍軍艦，也在革命黨的策劃下，投了革命軍。有意思的是，南方革命省份飄揚的旗幟卻大不相同，湖北、湖南、江西打的是十八星旗，廣東、廣西、雲南和福建飄的卻是青天白日旗。至於江蘇、浙江、安徽等地，用的卻是光復會的五色旗。而陳炯明在惠州舉義時，手裏拿的居然是古老的「井」字旗。至於那些反正的省份，也用不著那麼複雜，他們只管掛出一面白布算是順風旗，頂多在旗上寫上「大漢」或者「興漢」幾個大字。

北方的情況也不容樂觀。就連那慶親王奕劻的兒女親家、山東巡撫孫寶琦，居然也宣佈獨立，這可真是讓清廷十分傷心。好在後來孫寶琦良心發現，他在袁世凱軍力的支持

下，又宣佈取消了這一獨立鬧劇。東三省也不太平，吉林、黑龍江也搞了保安會，奉天也雜入革命軍，並以革命黨藍天蔚為都督。

　　所幸疾風識勁草，板蕩見忠臣。兩江總督張人駿、將軍鐵良及辮帥張勳忠於清室，儘管南京城孤兵少，四面楚歌，還在頑強和革命軍對抗，這讓清廷多少感到一時的安慰。但是，進攻南京的江浙聯軍卻也不屈不撓，寧軍總司令徐紹楨，鎮軍總司令林述慶，還有浙軍總司令朱瑞，蘇軍總司令劉之杰，會集三多兵力，向南京猛攻。辮帥張勳雖說有幾分能耐，但革命軍實在攻得緊了，他只得帶著人馬開城逃走，於是南京便落入了革命黨的手中。

　　南京光復後，各省革命黨代表齊聚一堂，組建了南京臨時革命政府，並推選孫中山為第一任臨時大總統。1912 年 1 月 1 日，孫中山於南京宣誓就職，宣告中華民國誕生。

　　但是，由於各種原因，南方的革命黨對北伐也缺乏信心，他們覺得北洋軍太強大了，如果袁世凱能夠反戈一擊，倒向共和，豈不是可以避免過多的流血犧牲，而早日實現推翻清朝的目標？孫中山就任臨時大總統後也表示願虛位以待，讓袁世凱早定大計，「以慰四萬萬人之渴望」。

袁世凱在得到南方革命黨以支持共和為條件並推選他為民國總統的保證後，他便在私下裏唆使北洋軍將領段祺瑞等將領聯名電奏：「共和國體，原已致君於堯舜，拯民於水火。乃因二三公迭次阻撓，以致恩旨不頒，萬民受困。現在全局威迫，四面楚歌，京津兩地，暗殺制動黨林立，稍疏防範，禍變即生。三年以來皇族之敗壞大局罪實難數。時至今日，皇上欲求之一安富尊榮之典，四萬萬人欲求一生活之路而不見許，瑞等不忍宇內有此敗類也，謹率全體將士入京，與王公剖陳利害，揮淚登車，昧死上達！」

電報的最後一句可謂是殺氣騰騰，這北洋軍要是回師北京，這清廷上下還有活路？袁世凱要的就是這效果，等到他把這電報往上一交，除了那不懂事的宣統小皇帝還在宮裏無憂無慮地玩耍外，其餘皇族親貴一片驚恐，個個目瞪口呆。無可奈何之下，隆裕太后即使眼淚汪汪，也只能選擇退位保命之舉了。

千秋萬代終是夢，俱往矣，換了人間。清朝兩百六十八年，入關後從攝政王多爾袞定都燕京開基，最後也是以攝政王結束，莫非也是天數所致。

大都會文化圖書目錄

● DIY 系列

路邊攤美食 DIY	220 元	嚴選台灣小吃 DIY	220 元
路邊攤超人氣小吃 DIY	220 元	路邊攤紅不讓美食 DIY	220 元
路邊攤流行冰品 DIY	220 元	路邊攤排隊美食 DIY	220 元
把健康吃進肚子— 40 道輕食料理 easy 做	250 元		

● *i* 下廚系列

男人的廚房—義大利篇	280 元	49 元美味健康廚房—養生達人教你花小錢也可以吃出好氣色	250 元
大衛 · 畢格斯的調酒魔法書—教你輕鬆調出 137 款經典 Cocktails	280 元	男人的廚房—泰式料理篇	280 元

●生活大師系列

遠離過敏— 打造健康的居家環境	280 元	這樣泡澡最健康— 紓壓 · 排毒 · 瘦身三部曲	220 元
兩岸用語快譯通	220 元	台灣珍奇廟—發財開運祈福路	280 元
魅力野溪溫泉大發見	260 元	寵愛你的肌膚—從手工香皂開始	260 元
舞動燭光—手工蠟燭的綺麗世界	280 元	空間也需要好味道— 打造天然香氛的 68 個妙招	260 元
雞尾酒的微醺世界— 調出你的私房 Lounge Bar 風情	250 元	野外泡湯趣—魅力野溪溫泉大發見	260 元
肌膚也需要放輕鬆— 徜徉天然風的 43 項舒壓體驗	260 元	辦公室也能做瑜珈— 上班族的紓壓活力操	220 元
別再說妳不懂車— 男人不教的 Know How	249 元	一國兩字—兩岸用語快譯通	200 元
宅典	288 元	超省錢浪漫婚禮	250 元
旅行，從廟口開始	280 元		

●寵物當家系列

Smart 養狗寶典	380 元	Smart 養貓寶典	380 元
貓咪玩具魔法 DIY— 讓牠快樂起舞的 55 種方法	220 元	愛犬造型魔法書—讓你的寶貝漂亮一下	260 元

漂亮寶貝在你家─寵物流行精品 DIY	220 元	我的陽光 · 我的寶貝─寵物真情物語	220 元
我家有隻麝香豬─養豬完全攻略	220 元	SMART 養狗寶典（平裝版）	250 元
生肖星座招財狗	200 元	SMART 養貓寶典（平裝版）	250 元
SMART 養兔寶典	280 元	熱帶魚寶典	350 元
Good Dog─聰明飼主的愛犬訓練手冊	250 元	愛犬特訓班	280 元
City Dog─時尚飼主的愛犬教養書	280 元	愛犬的美味健康煮	250 元
Know Your Dog─愛犬完全教養事典	320 元	Dog's IQ 大考驗──判斷與訓練愛犬智商的 50 種方法	250 元
幼貓小學堂─Kitty 的飼養與訓練	250 元	幼犬小學堂── Puppy 的飼養與訓練	250 元
愛犬的聰明遊戲書	250 元		

●心靈特區系列

每一片刻都是重生	220 元	給大腦洗個澡	220 元
成功方與圓─改變一生的處世智慧	220 元	轉個彎路更寬	199 元
課本上學不到的 33 條人生經驗	149 元	絕對管用的 38 條職場致勝法則	149 元
從窮人進化到富人的 29 條處事智慧	149 元	成長三部曲	299 元
心態─成功的人就是和你不一樣	180 元	當成功遇見你─迎向陽光的信心與勇氣	180 元
改變，做對的事	180 元	智慧沙	199 元（原價 300 元）
課堂上學不到的 100 條人生經驗	199 元（原價 300 元）	不可不防的 13 種人	199 元（原價 300 元）
不可不知的職場叢林法則	199 元（原價 300 元）	打開心裡的門窗	200 元
不可不慎的面子問題	199 元（原價 300 元）	交心─別讓誤會成為拓展人脈的絆腳石	199 元
方圓道	199 元	12 天改變一生	199 元（原價 280 元）
氣度決定寬度	220 元	轉念─扭轉逆境的智慧	220 元
氣度決定寬度 2	220 元	逆轉勝─發現在逆境中成長的智慧	199 元（原價 300 元）
智慧沙 2	199 元	好心態，好自在	220 元
生活是一種態度	220 元	要做事，先做人	220 元
忍的智慧	220 元	交際是一種習慣	220 元
溝通─沒有解不開的結	220 元	愛の練習曲─與最親的人快樂相處	220 元
有一種財富叫智慧	199 元	幸福，從改變態度開始	220 元
菩提樹下的禮物─改變千萬人的生活智慧	250 元	有一種境界叫捨得	220 元
有一種財富叫智慧 2	199 元	被遺忘的快樂祕密	220 元
智慧沙【精華典藏版】	250 元	有一種智慧叫以退為進	220 元

有一種心態叫放下	220 元	有一種境界叫捨得 貳	220 元
有一種智慧叫以退為進 貳	220 元		

● SUCCESS 系列

七大狂銷戰略	220 元	打造一整年的好業績—店面經營的 72 堂課	200 元
超級記憶術—改變一生的學習方式	199 元	管理的鋼盔—商戰存活與突圍的 25 個必勝錦囊	200 元
搞什麼行銷— 152 個商戰關鍵報告	220 元	精明人聰明人明白人—態度決定你的成敗	200 元
人脈＝錢脈—改變一生的人際關係經營術	180 元	週一清晨的領導課	160 元
搶救貧窮大作戰？ 48 條絕對法則	220 元	搜驚 · 搜精 · 搜金—從 Google 的致富傳奇中，你學到了什麼？	199 元
絕對中國製造的 58 個管理智慧	200 元	客人在哪裡？—決定你業績倍增的關鍵細節	200 元
殺出紅海—漂亮勝出的 104 個商戰奇謀	220 元	商戰奇謀 36 計—現代企業生存寶典 I	180 元
商戰奇謀 36 計—現代企業生存寶典 II	180 元	商戰奇謀 36 計—現代企業生存寶典 III	180 元
幸福家庭的理財計畫	250 元	巨賈定律—商戰奇謀 36 計	498 元
有錢真好！輕鬆理財的 10 種態度	200 元	創意決定優勢	180 元
我在華爾街的日子	220 元	贏在關係—勇闖職場的人際關係經營術	180 元
買單！一次就搞定的談判技巧	199 元 (原價 300 元)	你在說什麼？— 39 歲前一定要學會的 66 種溝通技巧	220 元
與失敗有約— 13 張讓你遠離成功的入場券	220 元	職場 AQ —激化你的工作 DNA	220 元
智取—商場上一定要知道的 55 件事	220 元	鏢局—現代企業的江湖式生存	220 元
到中國開店正夯《餐飲休閒篇》	250 元	勝出！—抓住富人的 58 個黃金錦囊	220 元
搶賺人民幣的金雞母	250 元	創造價值—讓自己升值的 13 個秘訣	220 元
李嘉誠談做人做事做生意	220 元	超級記憶術（紀念版）	199 元
執行力—現代企業的江湖式生存	220 元	打造一整年的好業績—店面經營的 72 堂課	220 元
週一清晨的領導課（二版）	199 元	把生意做大	220 元
李嘉誠再談做人做事做生意	220 元	好感力—辦公室 C 咖出頭天的生存術	220 元
業務力—銷售天王 VS. 三天陣亡	220 元	人脈＝錢脈—改變一生的人際關係經營術（平裝紀念版）	199 元
活出競爭力—讓未來再發光的 4 堂課	220 元	選對人，做對事	220 元
先做人，後做事	220 元	借力—用人才創造錢財	220 元

有機會成為 CEO 的員工—這八種除外！	220 元	先做人後做事 第二部	220 元
老闆不會告訴你的事—有機會成為 CEO 的員工，這 8 種除外！	220 元		

●都會健康館系列

秋養生—二十四節氣養生經	220 元	春養生—二十四節氣養生經	220 元
夏養生—二十四節氣養生經	220 元	冬養生—二十四節氣養生經	220 元
春夏秋冬養生套書	699 元（原價 880 元）	寒天—0 卡路里的健康瘦身新主張	200 元
地中海纖體美人湯飲	220 元	居家急救百科	399 元（原價 550 元）
病由心生—365 天的健康生活方式	220 元	輕盈食尚—健康腸道的排毒食方	220 元
樂活，慢活，愛生活—健康原味生活 501 種方式	250 元	24 節氣養生食方	250 元
24 節氣養生藥方	250 元	元氣生活—日の舒暢活力	180 元
元氣生活—夜の平靜作息	180 元	自療—馬悅凌教你管好自己的健康	250 元
居家急救百科（平裝）	299 元	秋養生—二十四節氣養生經	220 元
冬養生—二十四節氣養生經	220 元	春養生—二十四節氣養生經	220 元
夏養生—二十四節氣養生經	220 元	遠離過敏—打造健康的居家環境	280 元
溫度決定生老病死	250 元	馬悅凌細說問診單	250 元
你的身體會說話	250 元	春夏秋冬養生—二十四節氣養生經（二版）	699 元
情緒決定你的健康—無病無痛快樂活到 100 歲	250 元	逆轉時光變身書—8 週變美變瘦變年輕的健康祕訣	280 元
今天比昨天更健康：良好生活作息的神奇力量	220 元	「察顏觀色」——從頭到腳你所不知道的健康警訊	250 元
24 節氣養生食方（彩色圖文版）	350 元	問病——馬悅凌細說問診單	280 元
健康存摺——為你儲備健康指數的 501 個新主張	250 元		

● FORTH 系列

印度流浪記—滌盡塵俗的心之旅	220 元	胡同面孔— 古都北京的人文旅行地圖	280 元
尋訪失落的香格里拉	240 元	今天不飛—空姐的私旅圖	220 元
紐西蘭奇異國	200 元	從古都到香格里拉	399 元
馬力歐帶你瘋台灣	250 元	瑪杜莎艷遇鮮境	180 元
絕色絲路 千年風華	250 元	國境極南 太平島—揭開台灣國土最南端的神祕面紗	280 元

●大旗藏史館

大清皇權遊戲	250 元	大清后妃傳奇	250 元
大清官宦沉浮	250 元	大清才子命運	250 元
開國大帝	220 元	圖說歷史故事—先秦	250 元
圖說歷史故事—秦漢魏晉南北朝	250 元	圖說歷史故事—隋唐五代兩宋	250 元
圖說歷史故事—元明清	250 元	中華歷代戰神	220 元
圖說歷史故事全集	880 元（原價 1000 元）	人類簡史—我們這三百萬年	280 元
世界十大傳奇帝王	280 元	中國十大傳奇帝王	280 元
歷史不忍細讀	250 元	歷史不忍細讀 II	250 元
中外 20 大傳奇帝王（全兩冊）	490 元	大清皇朝密史 (全四冊)	1000 元
帝王秘事—你不知道的歷史真相	250 元	上帝之鞭— 成吉思汗、耶律大石、阿提拉的征戰帝國	280 元
百年前的巨變－晚清帝國崩潰的三十二個細節	250 元	説春秋之一：齊楚崛起	250 元
帝王祕事貳—你不知道的歷史真相	250 元	説春秋之二：秦晉恩怨	250 元
歷史不忍細究	250 元	説春秋之三：晉楚爭雄	250 元

●大都會休閒館

賭城大贏家—逢賭必勝祕訣大揭露	240 元	旅遊達人— 行遍天下的 109 個 Do & Don't	250 元
萬國旗之旅—輕鬆成為世界通	240 元	智慧博奕—賭城大贏家	280 元

●世界風華館

環球國家地理 · 歐洲（黃金典藏版）	250 元	環球國家地理 · 亞洲 · 大洋洲 （黃金典藏版）	250 元
環球國家地理 · 非洲 · 美洲 · 兩極 （黃金典藏版）	250 元	中國國家地理 · 華北 · 華東 （黃金典藏版）	250 元
中國國家地理 · 中南 · 西南 （黃金典藏版）	250 元	中國國家地理 · 東北 · 西東 · 港澳 （黃金典藏版）	250 元
中國最美的 96 個度假天堂	250 元	非去不可的 100 個旅遊勝地 · 世界篇	250 元
非去不可的 100 個旅遊勝地 · 中國篇	250 元	環球國家地理【全集】	660 元

中國國家地理【全集】	660 元	非去不可的 100 個旅遊勝地（全二冊）	450 元
全球最美的地方—漫遊美國	250 元	全球最美的地方—驚豔歐洲	280 元
全球最美的地方—狂野非洲	280 元	世界最美的 50 個古堡	280 元
全球最美的地方【全三冊】	660 元	全球最美的 100 世外桃源	280 元

● STORY 系列

失聯的飛行員— 　　一封來自 30,000 英呎高空的信	220 元	Oh, My God! — 　　阿波羅的倫敦愛情故事	280 元
國家寶藏 1 —天國謎墓	199 元	國家寶藏 2 —天國謎墓 II	199 元
國家寶藏 3 —南海鬼谷	199 元	國家寶藏 4 —南海鬼谷 II	199 元
國家寶藏 5 —樓蘭奇宮	199 元	國家寶藏 6 —樓蘭奇宮 II	199 元
國家寶藏 7 —關中神陵	199 元	國家寶藏 8 —關中神陵 II	199 元
國球的眼淚	250 元	國家寶藏首部曲	398 元
國家寶藏二部曲	398 元	國家寶藏三部曲	398 元
國家寶藏四部曲	398 元	秦書	250 元
罪全書	250 元	與魔鬼交易	360 元

● FOCUS 系列

中國誠信報告	250 元	中國誠信的背後	250 元
誠信—中國誠信報告	250 元	龍行天下—中國製造未來十年新格局	250 元
金融海嘯中，那些人與事	280 元	世紀大審—從權力之巔到階下之囚	250 元

◎關於買書：
1. 大都會文化的圖書在全國各書店及誠品、金石堂、何嘉仁、敦煌、紀伊國屋、諾貝爾等連鎖書店
　均有販售，如欲購買本公司出版品，建議你直接洽詢書店服務人員以節省您寶貴時間，如果書店
　已售完，請撥本公司各區經銷商服務專線洽詢。
　北部地區：(02)85124067　　桃竹苗地區：(03)2128000
　中彰投地區：(04)22465179　　雲嘉地區：(05)2354380
　臺南地區：(06)2672506-8　　高屏地區：(07)2367015
2. 到以下各網路書店購買：
　大都會文化網站（http://www.metrobook.com.tw）
　博客來網路書店（http://www.books.com.tw）
　金石堂網路書店（http://www.kingstone.com.tw）
3. 到郵局劃撥：
　戶名：大都會文化事業有限公司　帳號：14050529
　（訂購金額未滿 1000 元，請加計物流處理費 100 元）
4. 親赴大都會文化買書可享 8 折優惠。

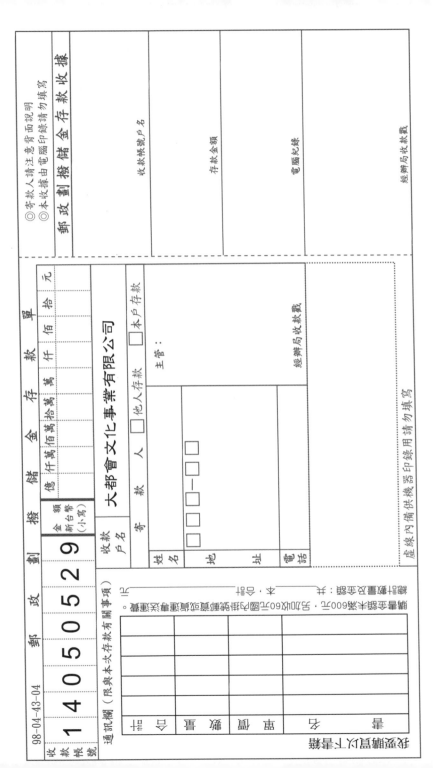

郵政劃撥存款收據
注意事項

一、本收據請妥為保管，以便日後查考。

二、如欲查詢存款入帳詳情時，請檢附本收據及已填妥之查詢函向任一郵局辦理。

三、本收據各項金額、數字係機器印製，如非機器列印或經塗改或無收款郵局收訖者無效。

大都會文化、大旗出版社讀者請注意

一、帳號、戶名及寄款人姓名地址各欄請詳細填明，以免誤寄；抵付票據之存款，務請於交換前一天存入。

二、本存款金額業經電腦登帳後，請勿申請撤回。

三、本存款單不得黏貼或附寄任何文件。

四、本存款金額新台幣，每筆存款至少須在新台幣十五元以上，且限填至元位為止。

五、本存款單備供電腦影像處理，請以正楷工整書寫並請勿折疊。帳戶如需自印存款單，各欄文字及規格必須與本單完全相符；如有不符，各局應婉請寄款人更換郵局印製之存款單填寫，以利處理。

六、本存款單帳號與金額欄請以阿拉伯數字書寫。

七、本存款金額業經電腦登帳後，不得申請撤回。

八、帳戶本人在「付款局」所在直轄市或縣（市）以外之行政區域存款，需由帳戶內扣收手續費。

如果您在存款上有任問問題，歡迎您來電洽詢

讀者服務專線：(02)2723-5216(代表線)

為您服務時間：09：00～18：00(週一至週五)

大都會文化事業有限公司　　讀者服務部

交易代號：0501、0502 現金存款　0503 票據存款　2212 劃撥票據託收

這才是晚清——帝國崩潰的十六個細節

作　　者	金滿樓
發 行 人	林敬彬
主　　編	楊安瑜
編　　輯	陳亮均
美 術 編 排	于長煦
封 面 設 計	王雋夫

出　　版	大旗出版社　行政院新聞局北市業字第1688號
發　　行	大都會文化事業有限公司
	11051台北市信義區基隆路一段432號4樓之9
	讀者服務專線：(02)27235216
	讀者服務傳真：(02)27235220
	電子郵件信箱：metro@ms21.hinet.net
	網　　　　址：www.metrobook.com.tw

郵 政 劃 撥	14050529 大都會文化事業有限公司
出 版 日 期	2011年10月初版一刷
定　　價	250元
I S B N	978-986-6234-31-6
書　　號	History-23

Chinese (complex) copyright © 2011 by Banner Publishing,
Metropolitan Culture Enterprise Co., Ltd.
4F-9, Double Hero Bldg., 432, Keelung Rd., Sec. 1,
Taipei 11051, Taiwan
Tel:+886-2-2723-5216　Fax:+886-2-2723-5220
Web-site:www.metrobook.com.tw
E-mail:metro@ms21.hinet.net

◎本書由中國三峽出版社經中圖公司版權部授權繁體字版之出版發行。
◎本書如有缺頁、破損、裝訂錯誤，請寄回本公司更換。

國家圖書館出版品預行編目資料

這才是晚清－帝國崩潰的十六個細節 /金滿樓著
-- 初版.-- 臺北市：大旗出版社：大都會文化
發行, 2011.10
　　面；　公分. -- (History;23)

ISBN 978-986-6234-31-6 (平裝)

1.晚清史

627.6　　　　　　　　　　　　　100018107

大都會文化 讀者服務卡

書名：**這才是晚清—帝國崩潰的十六個細節**

謝謝您選擇了這本書！期待您的支持與建議，讓我們能有更多聯繫與互動的機會。

A. 您在何時購得本書：_____年_____月_____日

B. 您在何處購得本書：_____書店，位於_____(市、縣)

C. 您從哪裡得知本書的消息：
　　1.□書店　2.□報章雜誌　3.□電台活動　4.□網路資訊
　　5.□書籤宣傳品等　6.□親友介紹　7.□書評　8.□其他

D. 您購買本書的動機：（可複選）
　　1.□對主題或內容感興趣　2.□工作需要　3.□生活需要
　　4.□自我進修　5.□內容為流行熱門話題　6.□其他

E. 您最喜歡本書的：（可複選）
　　1.□內容題材　2.□字體大小　3.□翻譯文筆　4.□封面　5.□編排方式　6.□其他

F. 您認為本書的封面：1.□非常出色　2.□普通　3.□毫不起眼　4.□其他

G. 您認為本書的編排：1.□非常出色　2.□普通　3.□毫不起眼　4.□其他

H. 您通常以哪些方式購書：(可複選)
　　1.□逛書店　2.□書展　3.□劃撥郵購　4.□團體訂購　5.□網路購書　6.□其他

I. 您希望我們出版哪類書籍：（可複選）
　　1.□旅遊　2.□流行文化　3.□生活休閒　4.□美容保養　5.□散文小品
　　6.□科學新知　7.□藝術音樂　8.□致富理財　9.□工商企管　10.□科幻推理
　　11.□史哲類　12.□勵志傳記　13.□電影小說　14.□語言學習（_____語）
　　15.□幽默諧趣　16.□其他

J. 您對本書(系)的建議：

_____

K. 您對本出版社的建議：

_____

讀者小檔案

姓名：_____　性別：□男　□女　生日：____年____月____日

年齡：□20歲以下　□21～30歲　□31～40歲　□41～50歲　□51歲以上

職業：1.□學生 2.□軍公教 3.□大眾傳播 4.□服務業 5.□金融業 6.□製造業
　　　7.□資訊業 8.□自由業 9.□家管 10.□退休 11.□其他

學歷：□國小或以下　□國中　□高中／高職　□大學／大專　□研究所以上

通訊地址：_____

電話：（H）_____（O）_____　傳真：_____

行動電話：_____　E-Mail：_____

◎謝謝您購買本書，也歡迎您加入我們的會員，請上大都會文化網站 www.metrobook.com.tw
登錄您的資料。您將不定期收到最新圖書優惠資訊和電子報。

這才是晚清

帝國崩潰的十六個細節

北區郵政管理局
登記證北台字第9125號
免　貼　郵　票

大都會文化事業有限公司

讀　者　服　務　部　　　　收

11051台北市基隆路一段432號4樓之9

寄回這張服務卡〔免貼郵票〕
您可以：
◎不定期收到最新出版訊息
◎參加各項回饋優惠活動

大旗出版
BANNER PUBLISHING